グループ活動を始める時に

つながりを育む㊿のかかわり技法

土屋明美　監修
関係状況療法研究会　編

はじめに

　本書は，人と人とのつながりを育むグループ活動に活用する行為法を，紹介します。

　行為法とは，

　　椅子から立って一歩　歩み始め，

　　　動きながら感じることを身体と心で受けとめ，

　　　　感じたことを言葉にして人と共有し，次の新たな歩みを始める，

　という一連のアクションを指します。

　私たちは，人と安心して一緒にいて，かかわりが生まれる時に，グループにいる良さを感じとることができます。本書では特に，グループ活動の導入期にゆっくりとグループ活動に参入する手助けとなるための，かかわり技法を紹介します。

◆ 本書の構成

　本書は3つの章から構成されています。

　第1章では，グループ活動への基本的な考え方と運営方法を提示します。

　第2章では，50のかかわり技法を7つのパートに区分し，所要時間と実施のめやす・目的・基本的手続き・効果・展開例を技法毎に述べます。

　第3章は，基礎理論の概説です。

◆ 本書の成り立ち

　50のかかわり技法は，日本心理劇協会主催による研修会などで実施して効果の認められたものを再構成したものです。この中には，創始者の不明な技法や，日常的に行われていることに命名したものも含まれています。

　先人たちの偉大な創意に学び，参考とさせていたいただいたことに，この場を借りて感謝いたします。

◆ 本書を活用するグループ

　本書は，種々の研修会・教育現場・地域活動，施設や病院でのグループワークなどの始まりに活用されることを想定しています。

　グループの目的や参加者により始まりの雰囲気は異なるでしょうが，行為法の活用により多少とも雰囲気が柔らかくなり，人とのかかわりが変化した後には，それぞれのグループ活動も，より豊かにすすむであろうことを期待しております。

目　次

はじめに

第1章　導入　始める前に

- ◆1　基本となる考え方……………………………………7
  - ❶　グループ活動を始める　7
    - ①　参加の出発点に立つ　8
    - ②　出会いへの意識を成立させる　8
    - ③　日常生活との区切りをつける　9
  - ❷　行為法について　9
  - ❸　共有しておきたい3つのこと　10
    - ①　共に育つ関係づくり　10
    - ②　いま・ここで・新しく　12
    - ③　満点から始めよう　12

- ◆2　グループ活動の準備……………………………………14
  - ❶　メンバーを迎える　14
    - ①　会場の設定　14
    - ②　グループリーダー（監督）の役割　14
    - ③　小グループをつくる　15
  - ❷　技法体系　16
    - ①　技法とは　16
    - ②　技法化について　17
    - ③　技法の7分類　18
  - ❸　技法の活用について　18

第2章　技法編　始めましょう

- Part I　歩いてみよう……………………………………22
  - ❶　1人から，2人，3人との出会いへ　24
  - ❷　〈一歩〉ずつ歩く　25
  - ❸　出会った人と　26
  - ❹　舞台で参加のねらいを話す　27
  - ❺　歩きながらの出会い　29
  - ❻　2人で舞台を横切って　31
  - ❼　共に歩きながら　32

Part II　自分を紹介する……………………………………34
- ❽　インタビューから始める　　36
- ❾　参加の目的を隣の人に　　37
- ❿　声で届ける　　38
- ⓫　〈私〉を伝え，〈あなた〉を伝える　　39
- ⓬　ペアになって始める　　40
- ⓭　補助自我を探して　　42
- ⓮　空き椅子に自分を表す物を置いて　　44

Part III　いま・ここで・新しく……………………………46
- ⓯　扉を開けて　　48
- ⓰　〈今の気分〉から始める　　49
- ⓱　家から〈ここ〉まで　　50
- ⓲　一瞬の出会い　　51
- ⓳　私がいるところに　　52
- ⓴　私と心理劇との出会い　　54

Part IV　"私の思い"から始める……………………………56
- ㉑　〈この夏の思い〉から始める　　58
- ㉒　野原に女の子が　　59
- ㉓　〈私の夢〉の実現　　61
- ㉔　種が成長して　　62
- ㉕　思い出を楽しく　　65
- ㉖　〈こうありたい自分〉を描いて　　67
- ㉗　役割を交換して　　69

Part V　"いま・ここ"を超えて……………………………72
- ㉘　空想一者関係体験　　74
- ㉙　絵本から飛び出して　　75
- ㉚　模造紙にイメージを描いて　　76
- ㉛　私の欲しいもの－魔法の店　Desire　　77
- ㉜　私の自由時間－魔法の店　Time　　79
- ㉝　私の欲しい力－魔法の店　Power　　81
- ㉞　3つの部屋とファッションショー－魔法の店　Show　　83

Part VI　「自己・人・もの・状況」関係の発展………………86
- ㉟　物媒介のローリング技法　　88

- 36 「自己・人・もの」との出会い　90
- 37 同心円を体験する　91
- 38 3つの椅子を使って　94
- 39 満点から始めよう　96
- 40 5つの椅子による状況変化体験　99
- 41 平和の船に乗って　101
- 42 理論から始める　103

Part VII　身体を使って動いてみよう　106

- 43 一緒に動いて　108
- 44 動きをなぞる　109
- 45 エネルギーを伝える　110
- 46 椅子から立って　111
- 47 グループを感じる　113
- 48 ペアによるローリング技法　115
- 49 空間を歩く　116
- 50 空気のボール　118

実践例　120

第3章　理論編　心理劇と関係学

◆1　行為法としての心理劇　127
- 1 心理劇の5つの構成要素　127
- 2 導入位相における5つの役割の機能　131

◆2　関係学について　133
- 1 関係学の基礎　133
- 2 関係的認識について　134
- 3 関係学の実践的展開　137

◆3　用語の解説　139

おわりに　142

◇　資　料
　かかわり技法一覧　143
　実践の機会一覧　145
　さくいん　147

第1章 導入 始める前に

1 基本となる考え方

❶ グループ活動を始める

　グループ活動の行われる会場に入る時に，私たちは，何が始まるのか，どんな人が参加し，何ができるのだろうというような不安や期待など，様々な思いをもって会場入口の扉を開けることと思います。

　参加型の研修会やワークショップ，施設や病院でのグループワーク，教育現場での教育手法としての体験学習，学校の懇談会や地域での諸活動などへの参加者は，自らが積極的にその活動に関与することが求められています。

　参加者一人ひとりがグループのメンバーとして積極的に関与することがあって初めて，グループは生きているグループへとダイナミックに成長し，発展していきます。しかし，グループ活動の初期の段階から積極的に関与することはなかなかできません。特に初対面のグループなどでは，不安感などが先にでるのは当然のことでしょう。

　本書では，グループ活動を始める時に活用できるかかわり技法を紹介します。グループ活動の始まりにおける不安感などの自分にとっての意味や，それが変遷していくプロセスを言語化することに重点を置くグループ運営も一方ではありますが，本書では行為－アクション－によりグループに参入する技法を紹介します。

　グループ活動の始まりをとりあげる目的を3つあげます。

　　① **参加の出発点に立つ**
　　　日常生活から持ちこまれる諸々の感情を大切にしながらも「今・ここから・新しく」始めます。

② 出会いへの意識を成立させる
　　一人だけではできない体験を重ねることや，他の人との出会いは自分を元気づけます。
③ 日常生活との区切りをつける
　　日常生活での役割から少し離れて，新しいかかわり方にチャレンジします。

次に，それぞれについて述べます。

① 参加の出発点に立つ
　行為法には，グループに参加しやすくなる手がかりが多様にあります。
　日常生活でいつもしているような挨拶や簡単な演習を通して，今いる場所が安心できる空間となります。会場内を歩きまわって探索したり，外の風景をみたり，或いは空間に意味を見出したりして，自分にとって馴染みの空間となるようにします。役割を担うことにより，さらに自由に行為できる空間を創り出すこともできます。また，「今・ここで」他の人と共に，現実にはできないような創造的想像の不思議な体験をすることもできます。身体を動かしたり身体に意識をめぐらして，心身ともにのびのびと開放される実体験により，今・ここから・新しく歩みだすスタートラインに立つことができます。

② 出会いへの意識を成立させる
　グループ活動においては「グループにおける私」を主軸として様々な出会いが生まれます。人との創造的な出会いや，自分自身との意外な出会いも生じます。
　自分に引き込もることがあったとしても，それはグループという背景があって可能になっていることです。また，参加のねらいを明らかにすることで，グループメンバーとしての自己意識も確立します。漠然と参加するのではなく，限られた時間内で何を得たいのか，どのような体験をしたいのかを意識化します。「私は〜を体験したいです」とか「私は〜を知りたいです」というように，すっと思い浮かぶ言葉で構いません。自分自身に埋没せずに関係変化状況における育ちを意識化して，他の参加者のねらいも共有することにより「私が行為する

ことでグループも変化し，そのグループの変化を感知して自分も変化することが楽しく感じられる」というような，個人とグループが相即的に発展する過程を体験することができます。

③ 日常生活との区切りをつける

グループ活動に参加する時，私たちは日常生活で担っている自分の役割から少し離れます。

例えば「学校の教師」の場合（グループには対象となる学生はいませんので）「教師」という「社会地位的な役割」から離れて，「人間関係的役割」を担ってグループに参加します。社会地位的役割を離れることは，教師としての問題意識を無にするということではありません。

社会地位的役割を外出用の服にたとえて考えてみましょう。洋服は自分を守ったり或いは束縛することに，また，他の人からの期待を受けることにも働きます。教師であるから～するべき，或いは，教師なのだから～，という意識は自他への期待や束縛に還元されます。グループ活動ではグループにおける個人としての自分であることに集中します。人間関係的役割とは，たとえてみればくつろぎ着まではいきませんが，自分に馴染んでいる気軽な普段着という感覚でしょうか。グループに参加するとは，日常生活の構えをはずして，いま・ここでの人間関係の創造的なプロセス作りに参加することを意味します。従ってグループの導入期は，日常生活から新たな場面へギアチェンジをする時間－ウォーミングアップの時間となります。

また，グループ活動は三者関係の展開が可能であるという特色を持っています。（三者関係については第2章参照）二者関係から関係の開かれた三者関係の担い手へと，自分のポジションが広がります。三者関係は緊張をはらむ場合もありますが，グループ活動の楽しさやクリエイティブな体験，心地よい体験ができるのも三者関係ならではのことです。

p.134 − 135

❷ 行為法について

行為法－アクションメソッドとは，言語的メッセージと非言語的メッセージの両者を活用して，他者との関係を形成する方法を指します。この意味に限定すればすべてのグループ活動は行為法ということ

もできます。しかし，あえて行為法という場合には空間・身体・役割を媒介にして関係を形成することに特徴を見出します。たとえば，空間とは部屋の用い方を表します。どのように椅子を配置するか，どのようにメンバーは座るかについて工夫します。さらには部屋の一角をどこかの場所に「見立てる」こともします。（心理劇では「場面設定をする」と表します。）言語を中心とするグループは椅子に腰かけた状態を維持して運営されますが，行為法では必要があれば腰かける位置を変えて，そのことにより何が生じたかをテーマにもします。行為して感じたことを言葉にして，再び行為して，というように，行為から行為への橋渡しとしての言葉が重要であることに変わりはありません。しかし，行為することによる気づきや，自発的な新しい行為の開発に重点が置かれます。

　心理劇は行為法の代表的方法であり，本書では心理劇の導入時に用いられる技法を中心に紹介します。

❸　共有しておきたい3つのこと

　つながりを育むかかわり技法を提示するにあたって，まず，技法を成立させている基本的な考えを述べます。本書に収録した技法の理論的な基礎は「人間は関係的存在である」とする関係学に依拠します。（関係学については第3章参照）

　メンバー構成やグループ活動の目的は異なっていても，活動をすすめるにあたって共有しておきたい3つの基本的な考え方を掲げます。

　　① **共に育つ関係づくり**
　　② **いま・ここで・新しく**
　　③ **満点から始めよう**

　次に，それぞれについて述べます。

① 共に育つ関係づくり

　参加者が全員で積極的に関与して創るグループ活動では，"何か"との関係において変化が生じ，新しさがもたらされます。"何か"とは，例えば，自分自身の気づきであったり（自己との関係での気づき），隣の人の何気ないふるまいであったり（人との関係での気づき），座り心地の良い椅子であるかもしれません（物との関係での気づき）。

p.133 – 138

グループ活動では一人だけが楽しいとか悲しいということはありません。一人が感じる楽しさはグループの楽しさであり，一人が感じる悲しみはグループの悲しみです。この意味において，グループ活動はいつも「共に育つ関係」を目指しています。共に育つ関係の実現へ向けて基本となるのは次の2つです。

❶　三者関係の理論

　グループ活動の特色は三者関係が展開することです。カウンセリングなどの二者関係との違いは右の図により明らかに理解できます。グループ活動は2人が直接的なやり取りをするだけではなく，やり取りをしているその2人の関係に関わることができます。これを「関係にかかわる」と表します。関わる手がかりが多いことは可能性が広く開かれていることを意味します。参加者は「何かを〜してあげた」「何かをしてもらった」という関係の勾配を内包するような二者関係から発展して，共に育ち，皆が同等の立場で存在する"関係にかかわる"三者関係の形成へと展開していきます。

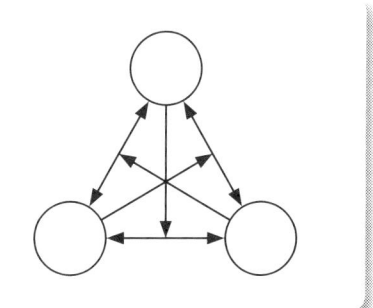

p.134 − 135

❷　補助自我の役割

　グループ活動の始まりにリーダー（以下，監督）は，参加者がそれぞれのペースで安心してグループにいることのできるように働きます。しかし，監督による「〜をしましょう」とか「〜をして下さい」という方向性だけが強調されると，グループメンバーはその方向性との関係で緊張したり不安になる場合があります。メンバーに不安や戸惑いがあるような場合に，芝居の黒子のように，皆に見えてはいるけれど直接的に関わることはなく，間接的に参加者を支える役割が「補助自我」です。特定の人がいつも補助自我になるわけではありません。例えば，グループの開始時間に遅れて入室して困っている人に，空いている椅子を示して参加を誘うような行為は，補助自我的と言い表すことができます。

グループの主宰者が2人いてチームによる運営が可能な場合には役割のとり方を分担することもできます。1人はグループの方向性を明示する監督役割をとり，もう1人は参加者の状態を把握し，参加者の代弁をしたりもする補助自我役割を担いグループ展開を促します。参加者がお互いに補助自我的にかかわり合う状況においては，相互交流が活発に展開し，お互いを尊重して発展を志向する「共に育つ関係づくり」が展開しやすくなります。

② いま・ここで・新しく

心理療法は出会っている「いま・ここで」感じ・考えていることを共有することに意味を見出すことから始まります。本書で紹介する行為法－アクション－による気づきは，身体の内側から自然と湧き上がってくるように感じられる場合があります。アクションを通して感じられる気づきから次のアクションが起こり，そこで新たな気づきが生じ，そこから新たなアクションが生まれます。気づきから行為へ，そこから新たな気づきへと連続的に体験されることに，特徴を見出すことができ，椅子に腰かけて内省的に得られる気づきとは，また一味違う気づきの体験をすることができます。

日本に心理劇を紹介した一人である松村康平（1917～2003）は心理劇の基礎原理として「いま・ここで・新しく」を提唱しています。心理劇では「いま・ここ」という瞬間的な時間・空間に留まらず，「いま・ここ」から「いま・ここ」へと連続的に発展して，新たな出会いや気づきが成立します。過去や現在に規定されつくされない「いま・ここで」の出会いにおいて内発的に「新しさ」が生じ，共に育っている状況を総称して「いま・ここで・新しく」と表します。

③ 満点から始めよう

本書の編者たちは時期を異にしながらも大学時代，松村康平先生のもとで関係学・心理劇を学びました。松村先生は生前，弟子という言葉を使うのは好まれませんでしたが，それは前述の「共に育つ」あり方を学生の教育にも実践されていたからだと思います。次の文章は先生が青少年へ向けての提言を依頼されて編まれたもので，どのような状況においても人間を信じ，かかわり続けることの大切さを教えてく

れるものだと思います。人間はだれでも・いつでも，何があっても「満点から出発」します。自分や人を何かと比較して評価することはしません。「満点から始めて満点を越えて，そこをまた満点にして」というように発展していくスタート地点を「満点」とします。肯定から肯定へと人間存在を高めていく考え方です。

●● 満点から始めよう　―今・ここで・新しく―　●●

松村康平（1979年）

　つけるのなら，自分にも満点を，ほかの人にも満点をつけて，いま・ここで・新しく，満点から始める。

　だれもがひとりひとり，かけがえのないひとりひとりなのだから，十点満点でもいい。百点満点でもいい。満点をつけて，そこから始める。

　ほかの人にも自分にも，満点を，本気でつけて，共にふるまう喜びが育つと，そこで，ひとりひとりにつけた満点をこえることができる。十何点，百何点，何百点にもなって，そうなったところで，またそこから新しく始める。

　満点をこえ，こえたところをまた満点にして始めるというように，発展していく点をつける。そうして，

　このことを手がかりにして，いま・ここで・かかわっている，自分と人と物とのかかわりを育てて，自分も人も物も大切にされる社会を創る。偏見をもって人をとらえず，自分も物も粗末にされない社会に，していく。それを，

　わたしたちでする。わたしたちが自分から，できることをひろげていく。自分が挫けぬことによって，挫けそうになるほかの人も，ふるい立つことができるように，勇気をもってする。

2　グループ活動の準備

❶　メンバーを迎える

①　会場の設定

　グループを始める前に会場の設定をします。椅子だけでまるく円をつくります。上座はどこかなど気にせずに，どこに座っても構いません。机がなく身体を隠すものがなく最初はやや緊張しますが，隣の人との距離が近くて話がしやすく，直ぐに前へ向かって動いたり素早く移動ができる良さがあります。円形に座っていることでグループに集中しやすくお互いの表情もよくわかり，グループとしてのつながりも感じやすくなります。円の外側に予備の椅子を2，3脚置いておくとデモンストレーションをする時などにも便利です。

②　グループリーダー（監督）の役割

　本書は心理劇の導入技法を活用している関係でグループリーダーを心理劇の用語である「監督」と表記し，サブリーダーなどと呼ばれるもう一人のリーダーを「補助自我」とします。

　監督は，参加メンバーに安心感を与える存在であることを自覚してふるまいます。グループが始まる前に心身のコンディションを整え，自分自身のウォーミングアップをしてグループに臨みます。これは監督が特別に元気であれということではありません。監督はグループの雰囲気や調子に同調しながらもグループの進む方向を提示する役割を担っています。監督がグループに適切に対応するためには，自身の内に手がかりを多く成立させ，その瞬間に最善と思われ，自在に関わることのできる余裕をもち，メンバーの状態とグループ全体の雰囲気を感じ取りながら両者の発展に役立つように働きます。

　先にも述べたように，グループ活動には三者関係を展開しやすくする特徴があります。グループと監督の二者関係が強まるとグループは硬直します。例えば，監督がメンバーの様子を不適切に判断して技法を導入したり強引にすすめようとすると，グループには不安や抵抗が生じ，メンバーには自己への引きこもりや関係からの離脱が生じます。

補助自我（p.127-128）

監督はメンバーの様子を適確に感知し，メンバーの声を代弁する補助自我とチームを組み，メンバーの自発性の発露を見落とすことなく運営する関係責任を担います。グループ内に補助自我的な役割を担う人を見つけるのも監督の役割です。

③ 小グループをつくる

本書の技法は「15人」での展開を基準としています。15人という数は，一人のリーダーがグループ運営をする場合に参加者個々の状態を感じ取りながら運営するのに適した人数とみなします。本書で紹介している技法は教育的・演習的な技法もあり15人を超えての展開も可能です。15人以上のグループを小グループに分ける方法として次の5つの方法を掲げます。

❶ ソシオメトリック・グルーピング

必要とするグループ数と同数のメンバーに立ってもらいます。(3グループにしたい場合は3人) そこで，例えば「好きな季節は？」と聞き3人に応えていただきます。次に他のメンバーは自分の好きな季節のグループにほぼ均等になるように入ります。好きなこと（プラスの関係）で集まるようにすることでメンバーの親近感が高まります。集まるためのテーマを工夫することで，和気あいあいとグループづくりがすすみます。

❷ 関係の近い人同士のグルーピング

○ 誕生月順に並び，ほぼ同じ誕生月同士でグループを作ります。
○ 会場までの所要時間の近い人同士でグループを作ります。
○ 会場を時計に見立て好きな時間の場所に位置して，近い人同士でグループになる，など。

なんらかの共通性のある人同士が集まる方法であり，バリエーションが考えられます。

❸ 新しい出会いによるグルーピング

知っている人同士が3人集まります（3グループに分かれる場合）。次に3人は分かれて他の知らない人とのグループを作ります。

❹ 偶然性によるグルーピング

- 座っている順に番号をつけてグループ分けをします。例えば5人グループをつくる場合には1から5まで番号をつけて，次にまた1から5まで番号をつける，というようにします。この方法は，隣り合って座っている知り合い同士で，同じグループになるメリット・デメリットがあります。
- 自由に歩きまわり，リーダーの合図で止まり，近い人同士でグループをつくります。

❺ おまかせのグルーピング

- 一緒に活動したい人とグループを作ります。リーダーはグループから外れそうな人を受け容れる場を常に用意します。
- 共通項はメンバーに任せ，共通性のある人同士がグループを作ります。

2 技法体系

① 技法とは

　人間の生活活動と関係状況技法（技術）の関係について，松村（1977）は「人間の生活活動状況は存在状況・行為状況・文化状況の3つに類型化できる。それぞれの状況における活動のうちの生活知を技術といい，技法体系に位置づけられ関係発展を志向して意識的に適用されるものを技法という。」と，述べています。

　技法とは，関係発展を目的とする筋道にある重要な標識のようなものであると同時に，グループを運営する基盤―屋台骨にたとえることができます。従って，技法を無目的にグループに当てはめようとすると基盤が崩れるだけではなく，メンバーにも被害が及びます。また，メンバーの自発性により枠組に収まりきれない事態が生じる場合もあるでしょう。言語中心のグループ活動に比して行為法の監督は「～しましょう」とか「～して下さい」など，行為を誘う言葉かけや「～は例えばどういうことですか」という問いかけにより，行為の方向性を探すための問いかけをしばしば行います。監督はこのような指示はしますが行為内容に関しては，危険な行為や尊厳を傷つける場合を除いては，価値判断をすることはありません。提案型の問いかけを受けて

メンバーは行為しますが，受け取り方は人それぞれであり多様に展開します。監督はメンバーの動きの予想をして技法を適用し，予想外の動きが生じた時には「いま展開しようとしている活動のねらいは何か，どういうことをメンバーと体験したいか」という基本に戻ります。その上で，状況を発展させることに監督・補助自我の関係責任が生じます。

② 技法化について
●本書の成り立ち

本書に収録した諸技法は日本心理劇協会主催による心理劇研修会・研究会において1985年から2000年までの間に実践されて報告されているもの（松村康平・土屋明美編『心理劇　集団心理療法　ロール・プレイング』1985～2000, 発行　日本心理劇協会・関係学研究所編）と，その後の臨床的な心理劇活動において展開した技法をとりだしたものです。しかし，経過として記載されているままでは分かりにくい個所もあり，関係状況療法研究会では，実践の段階を区切り，指示の言葉を明示し，不明な経過については研究会などで実際に施行して必要な補いを行いました。技法名のついていないものには命名し，再創造したものを収録しました。どなたとも共有できるように，との意図で技法に命名をしましたが，どこでも使われているであろうものも含まれています。

かかわり技法は関係発展の一連のプロセスですから，それぞれに大切にしている価値を内包しています。技法の開発者を尊重したい思いを抱いていますが残念なことに，最初に取り上げられたのがどこで，誰によるものか不明な技法もあります。不特定多数の実践家が活用しながら形式が整えられてきた技法もあるのではないかと推察いたします。

「はじめに」でも述べさせていただいたように，編者たちは行為法としての心理劇の先人たちの偉大な創意・知見を参考にさせていただいたことに感謝して，ここにまとめてかかわり技法として紹介させていただきます。

●本書に収録した技法の特色

　本書に収録した諸技法は，グループ活動の導入期に活用して行為の可能性を広げるかかわり技法であり，個人の内的感情の発露を意図したものではありません。技法を展開するにあたっての基盤となる考え方は，先にも述べたように「共に育つ関係づくり」「いま・ここで・新しく」「満点から始めよう」です。活動を通して創造される新しい状況を共有し，体験して良かったこと，はっとしたことに注目します。そして，参加者一人ひとりの思いをお互いに尊重します。技法が物のように人間を束縛することのないように，基本を押さえて状況を見極めて柔軟に活用されることを望みます。

③ 技法の7分類

　記録から取り出して命名した諸技法は共通項の近さにより7つに分類してあります。

　　Part Ⅰ　歩いてみよう……歩きながら人と出会う技法です。
　　Part Ⅱ　自分を紹介する……様々な自己紹介の技法です。
　　Part Ⅲ　いま・ここで・新しく……心理劇らしさの感じられる技法です。
　　Part Ⅳ　"私の思い"から始める……自分の世界も登場させます。
　　Part Ⅴ　"いま・ここ"を超えて……想像的な世界で遊びます。
　　Part Ⅵ　「自己・人・もの・状況」関係の発展……関係学の理解に役立ちます。
　　Part Ⅶ　身体を使って動いてみよう……空間を使って動きます。

❸ 技法の活用について

　関係発展を目的とする導入技法は，メンバー構成・人数，活動の目的などにより多様に展開します。技法によっては，これだけでひとつのグループワークとして展開できるものもありますが，導入の後にどのような活動を用意するかにより活用の仕方も変わってきますので，リーダーはこの先の展開を視野に入れて技法を選択するようにしてください。

　監督の力量と参加者が安心して有意義に過ごせるめやすとして，技法を初級・中級・上級の3段階に分類してあります。

初級　施行方法が簡潔であり，参加者は指示にそって行為することで新しい体験ができます。
　　中級　参加者の自発性を促し，育てる技法です。技法にそって何をするかは個人の自発性に任され，自分らしくふるまう楽しさが体験できます。
　　上級　参加者の思いを素材にして，小さなドラマを創ります。個人に成立する内的世界を深め，補助自我とのチームにより活用する技法です。上級技法の展開では特に個人の特色が表現されますので，適切に対処できるように事前研修を受けてから実施します。
　各技法の冒頭に実施のめやすを，次のように表示します。
　　初級　★
　　中級　★★
　　上級　★★★
　所要時間と内容構成は，グループに任されるものは☆と表示します。

　リーダーは技法を活用する前に，自分がグループメンバーとして技法展開の実際を体験していることが望まれます。メンバーとして体験をすることで技法の特色，技法の発展段階に伴う変化などを体験的に理解することができ，状況に応じて用いる態度も養成されます。特に上級技法の活用にあたっては，個々に独自な心理的世界が展開することからメンバー体験は必須です。
　初級・中級・上級を選択した次に，技法を選ぶ一番安心な方法は自分がメンバー体験をして楽しかった，と感じるものから始めることをお勧めします。自分が楽しかったからといって他の人も楽しくなるとは限りませんが，危機的な状態に陥った時に，技法を活用している自分自身への信頼が力となり，新しいかかわり方が内発的に生まれることが期待されます。
　第2章の技法編にはリーダーの言葉かけを記載していますが，本質を損なわない範囲で，自分に言いやすい言い回しに変えてかまいません。しかし，グループ活動ではリーダーの言い回しによりグループ全体は思わぬ方向に進展しますので，充分にご留意下さい。

第2章 技法編 始めましょう

Part I

歩いてみよう

　歩く，ゆっくりと歩く，誰かと一緒に歩く，一歩一歩立ち止まりながら，歩きながら何かをして，どこかに向かって，人の流れにのったり，逆らったり，……どれも「歩いています」。

　「歩く」とは空間を移動し，空間を自らが拓いていく行為です。行き先を目指すことも，なんとはなしにぶらぶらすることも，まわりの景色を愛でながら歩むこともあるでしょう。

　このパートでは，初めの一歩を踏み出して出会いに参加する技法を紹介します。車いすや杖を必要とする場合にもご自分のペースでご参加ください。

　会場は椅子だけを丸く並べます。机を置かないのは，すぐに立ったり移動したりしやすいように，という便宜的なこともありますし，身体全体で状況を感じとることに敏感となるように，とのねらいにもよります。

　目の前に広がる空間や，対面する人との出会いは緊張をもたらすこともあるでしょう。しかしお互いにかかわり，ふれあうなかで空間に力が生まれ，人との温かみや親しみも生まれて，自分が心地よく居られる空間へと変容していくことでしょう。

① 1人から，2人，3人との出会いへ
　椅子から立って歩き始めます。出会った人と挨拶をしたり手短に言葉を交わします。次には3人グループになり話しながら一緒に歩きます。一人の時と歩く感じの違うのがわかることでしょう。

② 〈一歩〉ずつ歩く
　部屋は心の舞台です。空間に馴染むように人や物を意識しながら〈一歩〉という限定つきでゆっくりと動いてみた後は、鳥や魚になったつもりで空や海を自由自在に動きまわります。自分にとっての舞台が広がることでしょう。

③ 出会った人と
　グループへの参加意欲が徐々に高まります。他の参加者を意識しながら歩いてみた後は，話題にしやすいテーマで数人と話した後，3人グループになり，参加のねらいを伝えあいます。

④ 舞台で参加のねらいを話す
　舞台に上がって参加のねらいを話します。絶え間なく変化する関係状況における「いま・ここで」の瞬間に感じていることを，言葉にすることは，対人援助職などに必須の訓練ともなります。段差や領域を活用して，物理的位置の違いによる感じ方の変化を体験します。

⑤ 歩きながらの出会い
　自分の"出かける場所"を設定して歩き始めて，途中で出会う人とのやりとりを楽しみます。最初は速さを変化させて歩き，出会った人と挨拶をします。次には，行き先を決めて歩き始めて，途中で会った人との出会いを楽しみます。

⑥ 2人で舞台を横切って
　2人で創るミニシアターです。2人で演者になり何かをしながら，もちろん言葉も添えて舞台を横切ります。何をするかは2人で自由に設定します。

⑦ 共に歩きながら
　会場に着くまでの気持ちを表演します。歩く道を設定して自分の思いを語りながら歩きます。これから始まることへの期待や不安，心配などを歩きながら語ることで，参加態度が明確になると同時に，行為へのウォーミングアップにもつながります。

Part Ⅰ－① 1人から，2人，3人との出会いへ

実施のめやす	★
時　間	15分以内

■ **目　的**　　活動の見通しを立て，出会いの変化体験をする。

■ 基本的手続き

1. 参加者は丸く座る。
2. 監督はこれから行う手順①〜④を説明し，参加者の動きやすさを誘う。
3. 監督は次のように指示する。
   ① 「歩きましょう」
   ② 「誰かに近づき，2人で自由に話してみましょう」
   ③ 「挨拶して別れ，1人で歩きましょう」
   ④ 「次に3人グループになり，話しながら歩きましょう」
4. 席に戻り1人ずつ感想を言う。

■ 効　果

○歩くことで場を感じる。
○人と出会い，安心やつながりを感じ状況に馴染む。
○3人になると場面が設定されて，話が進みやすい。

■ 展開例

➡ 手続き❹
○関心のあることや3人の共通点を見つけて話すなど，自由に話すことができる。

■ 配慮すること

○事前に演習の意味を伝え，参加者が動きやすいようにする。

〈一歩〉ずつ歩く

Part Ⅰ-②

■ 目　的　　節目を作りながら歩き，自己・人・物・状況との関係をとらえる。

実施のめやす	★
時　　間	15分以内

基本的手続き

❶ 参加者は丸く座る。

❷ 監督は次のように指示する。
　①「今からこの部屋の中をいろいろ動きます。私が声をかけたら動いてください」
　②「好きな方向に一歩進んで下さい。歩幅は大きくても小さくてもかまいません」
　③「人を意識しながら，人とつながるように一歩ずつ動いてください。」
　④「物を意識しながら一歩ずつ動いてください」
　⑤「あと3歩動いてください」
　⑥「これからは自由に動きましょう。空や海を鳥や魚になったつもりでも何でも良いです。行きたいところを見つけて止まってください」

❸ 着席して感想を言う。

効　果

○〈一歩〉に限定することで，安心して動ける。
○節目を意識して歩むことで，人とのつながりが生まれる。

展開例

➡　手続き❸

○自分の向こうに空間があいていて，そこへ行きたくなった。
○人や物を意識しながら動くと，一歩一歩で変わっていくなと思った。

Part Ⅰ-③ 出会った人と

実施のめやす	★
時　間	15分～30分

■ 目　的
状況にゆっくりと馴染み，人と出会い，参加のねらいを話す。

■ 基本的手続き
1. 参加者は丸く座る。
2. 監督は次のように指示する。
   ① 「この会場の様子や参加している人を感じながら歩きましょう」（全員が会場全体を歩き終わったら）
   ② 「出会った人と2人で，ここへどのようにして来たかなどを話しましょう」
   ③ 「再び歩いて新しく2人目，3人目の人と出会い話しましょう」
   ④ 「今度は3人1組になり，参加のねらいを話しましょう」
3. 再び丸く坐り，1人ずつ参加のねらいを話す。

■ 効　果
○状況を意識して歩き，人とのつながりをつくる。
○同じテーマを繰り返し話すことで安心感を得て，参加のねらいを話しやすくなる。

■ 展開例
➡ 手続き2-②③
○同じ路線の電車に乗って来たことがわかって，話が弾んだ。
○会場が見つからなくて，大変な思いをしてやっと着いた。

■ 配慮すること
○参加者の状況に配慮しながら，話しやすいテーマを設定する。

舞台で参加のねらいを話す

Part Ⅰ-④

■ 目　的　　舞台の段差による変化体験を通して参加のねらいを話す。

実施のめやす	★
時　間	15分〜30分

◻ 基本的手続き

1. 舞台に2脚の椅子を置き，参加者は舞台を囲むように座る。
2. 2人1組で舞台に上がり，椅子に座ってお互いに参加のねらいを話す。
3. 舞台からいったん降りて「いま・ここで」の感じをそれぞれ発表する。
4. 再び舞台へ上がり「いま・ここで」の感じをそれぞれ発表する。
5. 舞台から降りて自分の椅子に戻り，感想を言う。
6. 2〜5の手続きを参加者全員が行う。

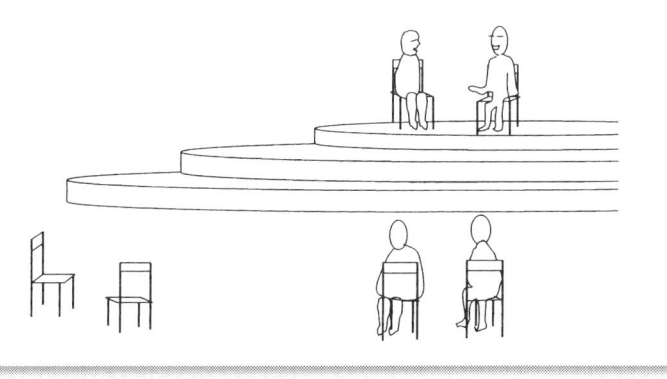

◻ 効　果

- 2人1組になって舞台で参加のねらいを話すことにより，緊張が和らぐ。
- 舞台の上と下を行き来することで体験の変化が明確になる。

展開例

➡ 手続き **5**

○ **1**では，これから何が始まるのだろう。緊張する。**2**では，何を言おうかどきどきする。2人で演じたのでふるまいやすかった。**3**では，さっきの自分を見ている。**4**では，**2**の時とは気持ちが違う。**5**では，過去・現在・未来を感じる。

配慮すること

○ 段差が無い場合は，舞台にする領域と観客のいる領域をはっきりと分けて行う。

コラム　心理劇との出会い

　心理劇と最初に出会ったのはどういう状況だったのか思い描いてみます。思い浮かぶのはお茶の水女子大学にあった心理劇の開催される研究室，そこはバルコニーのついた三段舞台のある研究室でした。松村先生には大学1年生の時から「人は関係的存在であること」「ふるまうときに意識することの重要さ」などを教えていただいていました。心理劇は個人の体験として強烈であるためか，松村先生は学生が心理劇に参加することに慎重でいらしたように感じます。3年生になり専門の科目を取り，初めて参加させていただいたのではないでしょうか。研究室の明るい光の中には松村先生や先輩方がいらして，舞台があり，舞台の階段を上がることや演じることが行われていました。演劇に関心を持ち「舞台では主役も脇役も誰もが輝く可能性がある，スポットライトが当たれば」と考えて楽しみにしていた私は舞台が明るく輝いて見えた記憶があります。

　同期の友人たちと参加し，舞台に上がるという演習があった時のことです。私は「舞台の上はどんな感じかしら？」とうれしく階段を上りました。他の人を見ると丁寧に階段を上がる人，1つ上がって立ち止まる人，いろいろな人がいることに気づきました。課題が出された時，理解の仕方やふるまい方はひとり一人違うのだということに気づき驚きました。どのようなあり方もその人らしさとして尊重されること，状況において何を意識してふるまうのかが重要であること，そして異なるふるまい方に気づき，自分の可能性を広げていくことが出来るということがとても印象的であった体験でした。　　　（水流恵子）

歩きながらの出会い

Part Ⅰ－5

■ 目　的　　歩きながら出会いの場面を創る。

実施のめやす	★★
時　間	15分～20分

手続き

1. 参加者は丸く座る。
2. 監督は次のように指示する。
   ①「全員で室内を自由に歩きましょう。初めはゆっくりと歩き，次第に速めにして，最後は自分の好きなペースで歩きましょう」
   ②「歩きながら目が合った人と挨拶をして席に戻りましょう」
3. 監督は「自分がこれからどこに出かけるかを決めてください。1人が立って歩きながら，途中で出会う人を選び，話しかけて言葉を交わして席に戻りましょう」と指示し，最初のひとりを決める。
4. 話しかけられた人が次に選ぶ人になって同様に行い，全員が体験する。
5. 席に戻り，1人ずつ感想を言う。

効　果

○新しい場所や人になじむ方法として無理せずに始められる。
○手続き2では歩く速さの変化によって動きの変化があり，最終的に自分のペースに落ち着くことで安心感が得られる。
○自分で場面設定をするので動きやすい。
○自分のストーリーに他の人が参加することで，展開の可能性が広がる。

展開例

➡　手続き34（出かける人A・相手になる人B）

〈図書館に本を返しに行く〉
A：こんにちは，本を返しにいくところなの。
B：私もちょうど図書館にいくところなのよ。

A：よかった，一緒に行きましょう。

〈蝉取りに森へ〉
A：隣のお兄さん，こんにちは。僕，蝉取りに森へ行くの，蝉の取り方教えて。
B：一緒に行こう。（森に着いて）こうやって網を構えて。あ，逃げちゃった！

> ### コラム　「歩く」をめぐって
>
> 　ある年の心理劇研修会で人間の一生を「歩く」姿で表現したことがあります。乳児から始めて少しずつ年を重ねて高齢期を表現する場面になるとほとんどの方が腰を曲げて歩いているのを目にした介護福祉士養成学校の先生が「そんな姿ばかりではありません！」と（自らもゆうに高齢の域にはいっておられましたが）背を伸ばしてすっ，すっ，と勢いよく歩く姿を見せてくださいました。そのお姿を目の当たりにしてすっすっと歩く姿の美しさに驚くと同時に，ステレオタイプで人間を観ていた自分に身のすくむ思いがしました。
>
> 　子どもが一歩前へ歩み始めた時，高齢や障がいにより杖や車いすが必要となった時など，人間は「歩く，歩けなくなる」ことに由来する悲喜交々の思いを抱きながら生活しているのだと感じた次第です。
>
> （土屋明美）

2人で舞台を横切って

Part Ⅰ－⑥

■ 目　的　　安心してふるまう体験をする。

実施のめやす	★★
時　間	15分以内

■ 基本的手続き

1. 参加者は舞台を囲むように座わる。
2. 監督は「隣の人と2人1組になり，演じながら舞台を横切ってみましょう」という。
3. 2人でしたいことを相談する。
4. 初めの1組が演じながら舞台を横切る。
5. 同様に各組が体験して終える。

■ 効　果

○ 役割を構えずに担い，安心してふるまえる。
○ 自分にとって馴染みのある状況設定ができる。

■ 展開例

➡　手続き❸

○ 親子で大掃除をする。
○ 隣人と一緒に水漏れを修理する。
○ 一緒に食事をする。
○ 初日の出を見るために高尾山に登る。
○ 除夜の鐘をうつ。
○ 初日の出に願い事をする。

■ 配慮すること

○ 舞台がない場合は，舞台にする領域と観客のいる領域をはっきりと分けて行う。

Part Ⅰ−7 共に歩きながら

実施のめやす	★★
時　間	15分〜30分

■ 目　的　　会場までの道を歩きながら参加のねらいを話す。

◻ 基本的手続き

1. 参加者は丸く座る。
2. 監督は演者を1人選び次のように指示する。
    ① 「家から最寄り駅または会場の最寄り駅から会場までのどちらかの道を選んでください」
    ② 「道が決まったら一緒に歩く人を決めてください」
3. 演者は相手役を選び家族，研修会参加者，友人などの役割を依頼する。
4. 2人で歩きながら，自分の課題や研修会への期待などを話す。
5. 同様にして全員が行う。

◻ 効　果

○身近で具体的な場面を2つ提案し，選択することで初めて心理劇を体験する参加者にとってふるまいやすくなる。
○演者体験と課題の明確化が同時に行なわれる。

◻ 展開例

➡　手続き4

（演者：A　相手役：B）

A：おはようございます。研修が始まって2週間になりますね。
B：今日は事例検討ですね。
A：心理劇を使うのだそうですね。
B：私，演劇をしたことがないのですけれど。
A：私もそうですよ。私は親子関係について話したいのですよ。
B：私は思春期の性について話したいと思っています。

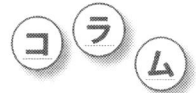

コラム　共に歩きながら

　この本は集団活動，ロールプレイング，心理劇などの活動の始まりや運営に役立つことを願って作られています。

　グループでの活動や心理劇に初めて参加する方はどのような思いで会場に行くのでしょう。「いろいろな人に出会えるといいな」「どういうことをするのかしら」「経験のある人が多いのかしら」「ずっーと座って話を聞くだけではないみたい」「参加者はどんな方たちかしら」「みんなの前で話すのかしら」「実際に動くという話だけれど演技したことはないので心配」など様々な思いがあることと思います。この技法は身近なことを手掛かりにして，活動を始めるときの自分の気持ちに気づき，気づいたことを表現しながら始まります。場面は具体的であり話しやすい状況の中で自分の気持ちや参加の狙いを参加者に伝えることができます。

（水流恵子）

Part Ⅱ

自分を紹介する

　グループ活動の始まりではしばしば自己紹介をしたり，これから始まる活動への期待などを話します。このパートでは次につながる活動への準備として「自分を紹介する」技法を紹介します。

　自分を紹介するとは，狭い意味での自己開示とは異なり，自分の内面を語ることを強いるものではありません。

　参加のねらいなどを順番に話していると「私も〜について知りたいと思って参加しました。」というような「私も〜」表現になりがちです。「私も……，私も……」が続くと一人ひとりの個性がグループに埋没して見えにくくなります。リーダーは，最初に「一人ひとり皆違う一人ひとりですから，『私も』同じということはありません。同じと思っても，話をしているうちに自分らしい言葉で話しているものです。どなたも『私は〜』というように発言してくださると嬉しいです」などと伝えて，参加の仕方への構えを促すことも一案です。

　自己紹介は自分の意外性と出会う場合もあり，他己紹介でのコメントは，自分に広がりをもたらしてくれます。何気ない発言から，自分には気がつかなかった自分の良さに気づいたり，他の人の良さを発見することができます。

⑧ インタビューから始める

リーダーが参加者にねらいを聴く場合は，聴く人と答える人の二者関係が強く働き，多少の緊張をもたらすこともあるでしょう。ここでは参加者の1人がインタビューする役割をとり参加者が答え，それらのやり取りをリーダーが見守るという三者の関係が動き始めます。グループ活動は参加者一人ひとりの参加により創られることの体験的な理解も促されます。

⑨ 参加の目的を隣の人に

椅子に腰かけた状態から，隣の人に話しかけることから始まります。隣の人に自分の参加のねらいを伝え，聞いた人は次にその隣の人に自分の参加のねらいを伝えます。このように順番に，話す役割と聞く役割をとります。スポットライトが順次2人にあたっていくようでもあり，グループの凝集性も高まるでしょう。

⑩ 声で届ける

隣の人ではなく少し離れた相手に「声」を使って，コンパクトに一言二言で参加のねらいを伝えます。声を意識して相手に伝わりやすく話しかける方法であり，一味違った体験ができるでしょう。

⑪ 〈私〉を伝え，〈あなた〉を伝える

3人グループでの活動の始まりです。参加のねらいを何回か話す中で，自分が何を求めているかが明確になります。他己紹介されることで，自分の話したことを相手はどのように受けとめてくれていたか，知ることができます。

⑫ ペアになって始める

自分のことを相手が紹介してくれる他己紹介です。最近の出来事などを2人で伝えあった後に，相手が自分の話したことをグループに伝えます。自分の思いはどのように相手に伝わるものでしょうか。紹介されるのを聞いてから補足したり，訂正もして，いま・ここでの自分の思いをグループに伝えましょう。

⑬ 補助自我を探して

グループ内で自分の"補助自我"を見つけます。自分をサポートしてくれそうな人，自分のあり方を広げてくれそうな人，自分にはない魅力を持っている人，自分を励ましてくれそうな人などを探します。初めて出会う人の中から直観的に見つけだしますので，思いがけない出会いも生まれるでしょう。

⑭ 空き椅子に自分を表す物を置いて

自分とは何者でしょうか。今持っている持ち物の中から自分を表す物を選び出します。そして，その物との対話や，物を通して見える自分について，参加者とやり取りをするなかで，新たな自分と出会います。

Part Ⅱ-⑧　インタビューから始める

実施のめやす	★
時　間	15分以内

■ **目　的**　質問する人の役割を設定し，参加のねらいを話す。

■ 基本的手続き
1. 監督は質問する人を決める。
2. 質問する人は「この研修会で何をしたいですか。どのようなことがはっきりするとよいですか」と，1人ずつに聞いていく。

■ 効　果
○質問する人が補助者としていることで，安心して参加できる。
○インタビューに答えるという設定があることで課題が明確になり，参加意識が高まる。

■ 展開例
➡　手続き❷
○ウォーミングアップの種類や仕方を学びたい。
○相談場面で先を創るというようなことを学びたい。
○多動な子どもとのかかわりの中で，自分のかかわり方をどのように工夫したらよいか考えたい。
○人と人がいて楽しくなるにはどうしたらよいか学べると良い。

参加の目的を隣の人に

Part Ⅱ－⑨

■ 目　的　　話し手と聞き手になり，参加のねらいを共有する。

実施のめやす	★
時　間	15分〜30分

■ 基本的手続き

❶ 参加者は丸く座る。

❷ 参加者Aは隣の人Bに参加のねらいを伝える。次に，Bは同じように隣の人Cに参加のねらいを伝え，同様にして全員が参加のねらいを話す。

■ 効　果

○隣の人に話すという設定で話し手は安心して参加のねらいを話すことができる。

■ 展開例

➡　手続き❷

A：心理劇は人生のリハーサル。リハーサルとは何だろう。新しさにチャレンジできる気持ち。そういうものはどういう風に育てたらいいのか3日間通して考えていきたい。

B：頭でっかちになっているのを飛び越えていけるようにする。すっと動けるといい。

コ ラ ム　　参加の目的を隣の人に

「参加の目的を隣の人に」の技法を発展させた展開例を紹介します。この技法は松村康平先生監督のもとに行われました。自分（話す人）が隣の人（聞く人）に参加の狙いを伝え，監督がコメントしていきます。参加のねらいを伝える状況（自己 ― 課題 ― 人）に監督がかかわることで新しいとらえ方や課題の設定への気づきが生まれます。

●展開例
参加者A：心理劇は人生のリハーサル。リハーサルとは何だろう。新しさにチャレンジできる気持ち。そういうものはどういう風に育てたらいいのか3日間通して考えていきたい。
監　督　：リハーサルのどういう場面で，新しさが育ち，新しさを育てる意欲が育つのか。
参加者B：頭でっかちになっているのを飛び越えていけるようにする。すっと動けるといい。
監　督　：文献を読んで他の人が専門家といわれるところまで実現しかけているのであればそれも良い。両方あると良い。

（水流恵子）

Part Ⅱ−⑩ 声で届ける

実施のめやす	★
時　　間	15分〜30分

■ **目　的**　声を届ける相手を意識して参加のねらいを言う。

■ **基本的手続き**
1. 参加者は丸く座る。
2. 向かいの人に声が届くように「○○さーん」と呼びかけて，参加のねらいをひとことで言う。
3. 声を受け取った人が別の向いの人に呼びかける。
4. 同様にして全員が終わったら，ことばを受けた順に座り直す。
5. １人ずつ，初めに言ったことばに付け加えて参加のねらいを言う。

■ **効　果**
○ 集団の凝集性が高まる。
○ 簡潔に，声に出して言うことで参加の目的がはっきりする。

■ **展開例**
→　手続き❷
○ 扉を開く，家族の関係，維持するエネルギー，決定場面への参加，行き詰まった状況の開き方，病気を抱えている人へのかかわり，とどまることの意味，大きな変化の決定，絆

〈私〉を伝え，〈あなた〉を伝える

Part Ⅱ-11

■ **目　的**　自分を紹介し，紹介されて自己が明確になる。

実施のめやす	★
時　間	15分〜30分

基本的手続き

1. 参加者は丸く座る。
2. 参加者はひとことずつ参加のねらいを言う。
3. 監督は次のように指示する。
   ①「立ってみましょう。5歩動いて出会った人と参加のねらいを話しましょう」
   （2回繰り返す）
   ②「まだ話をしていない人と3人のグループになり，座って自己紹介やねらいについて5分くらい話しましょう」
   ③「3人グループの1人を他の2人が全体に紹介します。紹介された人は付け加えたいことがあればひとこと加えましょう」
4. 同様にして③を全員が行う。

効　果

○出会いを重ねることで自己がはっきりする。
○他の人が紹介することで，多様な見方ができる。

展開例

➡ 手続き❷
○年齢と共に起きる変化をどうみるか，状況の捉え方の違いの確認，興味あること以外は切り捨てるあり方，ふるまいながら学ぶ楽しさ，きちんと話すこと

➡ 手続き❸-③
○理知的で経験豊かな方です。
○周りが良く見えて細やかに配慮できる方です。
○仕事熱心で人を誘うことの上手な方です。
○日常生活をきちんとこなしながら勉強もきちんとなさっている方です。
○細やかなところをとらえてすごいなと思います。

Part Ⅱ－12 ペアになって始める

実施のめやす	★
時　間	30分以上

■ **目　的**　　相手の話をまとめて全体に伝える。

☐ **基本的手続き**

❶　参加者はペアになり向かい合わせに座る。

❷　監督は次のように指示する。
　　①「先週から今日までどんな感じで過ごしていたかを話し手と聞き手になり，交代して話しましょう」
　　（1人，3分くらい）
　　②「相手の話したことを，自分が受け取った範囲で全員に伝えましょう」

❸　各ペアが順に発表する。

❹　監督は「自分のことが話されて感じたことを，また補足したいことを全員に話してください」と指示し，順に話す。

☐ **効　果**

○全員に向けて話すよりはペアの方が話しやすい。
○相手の話をまとめて発表するという方法により話し手への関心が高まる。
○自分の話したことを人が語るのを聞く体験により，自分に距離をおいて聞くことができる。

☐ **展開例**

➡　手続き❷－②　（ペア：A・B）

A：(Bの話を聞いて) 一週間イライラしていた状態だった。自分の中にある，消化しきれていない，ドロドロした部分があって，それが影響しているのではないか。

B：(Aの話を聞いて) 昨日まではやりたいことがあるのに，それがなかなかうまく行かなくて，イライラしていた。身近に話をしてくださる人がいて救われた。今日はすっきりした感じ。ご主人と色々あっても，それもちゃんと仲直りしようとして，居

酒屋で会って解決したので今は割りと良い状態だという感じでしょうか。
➡　手続き❹

Bの感想：その通り。イライラしてしまった原因が，もう1つ。わりとその前は調子が良かったので，すごく頑張りすぎて，それの反動でガクッとなってしまったのがある。この2つが理由じゃないかって考えています。

Aの感想：その通りで，うまくまとめてもらった。その通りですけれども，居酒屋に行く理由として，家の中では思っていないことを言ってしまったりするので，外だと割りと素直に話ができるからです。

Part Ⅱ—⑬ 補助自我を探して

実施のめやす	★★
時　　間	15分〜30分

■ 目　的
補助自我を探し自分の可能性を広げる。

■ 基本的手続き
1. 参加者は丸く座る。
2. 監督は1グループが5〜7人になるように数人を選び，「自分にないものを持っていると思う人のところに行って声をかけてください」と指示する。
3. 声をかけられた人は，声をかけた人と一緒に別の人のところに行って声をかける。次々に声をかけて5〜7人のグループを作る。
4. 各グループで感想を言う。

■ 効　果
○「自分にないものを持っている人」を探すことで，自分にとって意味ある人やものの存在がはっきりする。
○参加者が相互の考え方，感じ方を共有する。

■ 展開例
　➡　手続き❷❸
○頼れそうな人のところに行って，「ちょっと力を貸して下さい」とお願いした。
○忍耐強さ，鋼のような人生の生き方が感じられる人に，「よろしくお願いします」と声をかけた。
　➡　手続き❹
○そんな風に見られるのかなと思った。
○テンポが似ている人が集まったみたい。

コラム　補助自我を探して

　心理劇は演劇的方法によって問題解決を図る方法です。心理劇には主演者，補助自我（補助者），監督，観客，舞台の5つの構成要素が必要です。

　補助自我は主演者を支え監督の方向性を理解して問題解決のための役割を取り，演じます。私の日々の生活の場面を劇場に，活動する主体としての自分を主演者に例えてみます，生活の中で困難なことがあるときにもう一人の私が側にいたらとても心強く，支えられることでしょう。もう一人の自分は問題にまきこまれて困っている自分を少し外から眺め休むようにアドバイスをしたり，職場や友人に働きかけるなど問題の解決方法を一緒に考えてくれるかもしれません。

　「補助自我を探して」の技法は「自分に無いものを持っている人」という具体的な設定があります。短い時間で行われますが自分の特色と相手の特色を一生懸命に考える時間になります。補助自我を得ることで支えられ，広がる自分を感じることができます。そして補助自我に選ばれることは，自分らしさが相手にとって役に立つ場合があるということがわかりとてもうれしい体験となります。　　　（水流恵子）

Part Ⅱ—14　空き椅子に自分を表す物を置いて

実施のめやす	★★
時　間	15分〜30分

■ 目　的　　自分を表す物を見ることで新しい自分と出会う。

基本的手続き

1. 参加者は丸く座る。
2. 監督は次のように指示する。
   ① 「自分を表す物を持ち物から選んで椅子に置いてください」
   ② 「椅子の後ろから置いた物を見ましょう」
   ③ 「椅子の内側に入り,置いた物に触ったり見たりしましょう」
   ④ 「他の人の置いた物も,4〜5分で見ましょう」(全員歩きながら見て回る)
   ⑤ 「自分の所に戻り,近くの椅子に置かれた物を見ながら,2〜3人で話し合いましょう」
3. 自分の席に戻り,選んだ物を紹介し,感想を言う。

■ 効 果

○自分を表す物を置くことにより，自分を外側から見たり，他者から見られている自分に気づくなど，意識を分化して自分を捉えることができる。

■ 展開例

➡　手続き❷－①

ペンやノート，セーターなどが自分を表す物として置かれている。

➡　手続き❷－⑤

○あの人は勉強家なのですね。ペンが使い込まれている。

Part Ⅲ

いま・ここで・新しく

　グループ活動では，一人ひとりが「いま・ここで」の出会いを重ねることで，新しい一歩を踏み出す力の育つことが期待されます。

　「いま・ここで」ということは，一点に立ち止まることを意味しているのではありません。私たちは川の流れのように，流れ続けている瞬間という時間軸にそって生きています。渓谷の激流や平野にサラサラ流れる小川があるように，一人ひとりにとって「瞬間」の意味合いは多義にわたります。グループ活動では「いま・ここで」に集中し，「いま・ここ」から「いま・ここ」へと連続して行為することにおいて，一瞬，今までにはない「新しさ」の感覚に出会うことがあります。これは「自発性」の発露の瞬間とも捉えられます。その瞬間に，いま・ここで生きている自分や，共にいる人への存在確認ができ，新しい一歩を歩み出すことができた時「新しさ」の体験が成立したということができます。

　「新しさ」の体験は，漫然としていては流れ去ってしまうかもしれません。自分がそれをつかもうとすること，他の人と創りだそうと意図することで，より明確に体験できます。

　心理劇の技法はどれも「いま・ここで・新しく」の実現をねらいとしていますが，このパートでは特にこの感覚を共有しやすい技法を紹介します。

⑮　扉を開けて
　初めてのグループに参加する時は，緊張感や期待感など，さまざまな思いを抱いて会場入口の扉をあけることと思います。どのような思いでいるかを，つぶやきながら各々の心の扉を開け，新しい気持ちで皆と一緒にグループ活動を始めましょう。

⑯　〈今の気分〉から始める
　どのような気分でいらっしゃいますか？　どのような動きでも自由です。身体で表現してみましょう。それを観て他の人があなたに働きかけてくれます。楽しい気分はより楽しく，沈んだ気分は少し軽くなることでしょう。

⑰　家から〈ここ〉まで
　どのような感じで会場に来たでしょうか。何かにたとえて身体で表現してみましょう。緊張や不安，期待感などを，たとえて表現することは創造的な活動の始まりにもなります。

⑱　一瞬の出会い
　印象的な出会いを3人グループで語り，表演することにより，現在の自分にとっての出会いの意味を再発見します。

⑲　私がいるところに
　自分に心地よい情景をイメージして身を置くと，補助自我の助けによりさらに心地よい状況が生まれます。補助自我的役割の養成ともなります。

⑳　私と心理劇との出会い
　ある活動を始めてから1年，5年，10年など区切りを迎えた時に，自分にとっての活動の意味を発見して，さらにすすめる時に活用できます。

Part Ⅲ—⑮ 扉を開けて

実施のめやす	★
時　間	15分以内

■ 目　的　　扉を開けて新たな気持ちで会場に入る。

☐ 基本的手続き

1. 参加者は丸く座る。
2. 監督は次のように指示する。
   ①「今，座っている場所は研修会の会場の入り口です。入り口の扉を開けて会場に入りましょう」「どのような扉ですか，形や色などどうでしょう？」と，参加者が扉をイメージできるように働きかける。
   ②「どのような扉ですか？」と，一人ひとりに聞く。
   ③「モノローグしながら扉を開けて中に入りましょう」
3. 参加者は扉を開けて会場に入りみんなで挨拶をする。

☐ 効　果

○参加者は扉を開けて「始まり」を共有する。

☐ 展開例

➡　手続2—②
○霧のような感じですっと入っていけそうな扉。
○透き通って向こうがみえる大きな扉。
○観音開きの大きな扉。
○スッーと自動で入れる気楽な扉。

➡　手続2—③
○中の様子が外から見えて，入ろうか，どうしようかなと迷い，入ろうと決めたらスッーと入れる……。
○木の扉で向こうに薔薇のアーチがある。先がどうなっているか見えないけれど……。
○行ってみたらスッーと回転している。
○いくつもドアがあって，最初のドア，もう一つのドアがあって大変だけど……。

〈今の気分〉から始める

Part Ⅲ－⑯

■ 目　的　　人から働きかけられて気分が変わる体験をする。

実施のめやす	★
時　　間	15分～30分

■ 基本的手続き

1. 監督は「椅子から立って〈今の気分〉を身体で表現しましょう」と指示する。
2. 参加者は自分が感じている今の気分を身体で表現し，ことばも添える。全員が同時に行う。
3. 監督は1人に近づき「この人の今の気分が変化するように他の人は働きかけましょう」と言う。他の参加者は思い思いに働きかけ，ことばかけをする。
4. その人が皆に働きかけられた後の気分の変化を話す。
5. 同様にして全員が体験する。

■ 効　果

○ 今の気分を表現しやすくなり，いろいろな働きかけ方のあることがわかる。

■ 展開例

➡　手続き❶❷

○（腰を曲げて）重いものを背負っている感じ。（Aさん）
○（胸を抑えて）ドキドキしています。
○（下を向いて胸を両手で抑えて）緊張しています。
○（体を斜め横にしてかがみ）昨日調子悪かったので……。

➡　手続き❸

〈Aさんの例〉
○ 荷物を取ってあげる。
○「（リズムをつけて）頑張れ，頑張れ」と言う。
○「花があるわよ」と花を差し出す。

Part Ⅲ－17　家から〈ここ〉まで

実施のめやす	★★
時　間	15分〜30分

■ **目　的**　日常と〈ここ〉を言葉とアクションでつなぐ。

基本的手続き

1. 参加者は丸く座る。
2. 参加者は自分の椅子の後に立つ。
3. 監督は次のように指示する。
   ① 「家からここまでどんな感じで来ましたか？道や川，風に例えてふるまってみましょう」「どんな感じの道を歩いて来ましたか？どんな川の流れに乗って来ましたか？それとも風に吹かれてふわーっと来ましたか？」（参加者はそれぞれ自分がどんな感じで来たかを何かに例える）
   ② 「今いるところは自分の家の玄関です。玄関を出てこの会場に来ます。それでは玄関を出ましょう」（全員同時に，1分位表演する。）
4. 着席して，1人ずつ家から会場に来るまでの様子を語る。

効　果

○ 日常生活と重なる具体的な場面から始まりふるまいやすくなる。
○ アクションを起こすことにより語りやすくなる。
○ 参加者がその人らしさをお互いにとらえやすい。

展開例

➡　手続き4

○ いつも忙しいので今日はゆっくり馬車に乗っているような感じで。
○ お日様が暖かくてのんびりとした感じで。
○ 午前中は仕事でしたから激しい流れに乗ってきたような感じで。
○ 重い荷物を担いで行商にいく感じで。
○ 勉強不足のままテストを受けにいく中学生のような感じで。

一瞬の出会い　　Part Ⅲ－⑱

■ **目　的**　印象的な出会いを表演し，新たな意味を見出す。

実施のめやす	★★
時　間	30分以上

基本的手続き
1. 3人で1グループになる。
2. グループでこれまでの印象的な出会いを語り，相談して表演する。
3. 各グループが全体に向けて言葉を添えて表演する。
4. 全グループ終了後，感想を言う。

効　果
○グループで表演することで，今ここでの出会いが充実する。

展開例
　➡　手続き❸

出会いがゆっくり成長する，飛行機で挨拶を交わす，速く動いたり倒れたりする独楽，巻き込んで自己主張したり誘われて動いたりする。

　➡　手続き❹

○記録の残し方は，文字だけでなく身体で創造してもできるという新しい方法を知った。
○いろいろな出会いがあることに気づき，表演することで新しい出会いが創られていくと感じた。
○場面を起こす人，膨らませる人，広げていく人と3人の役割の分化を体験できた。
○それぞれの異なる出会いが，一緒にふるまうことで新しくなる。

Part Ⅲ—⑲ 私がいるところに

実施のめやす	★★★
時　間	15分～30分

■ 目　的　　自分が落ち着く状況への働きかけを受けて変化に気づく。

■ 基本的手続き

1. 参加者は丸く座る。
2. 総監督は「目を閉じて気持ちが落着く情景を思い浮かべてください」と指示する。
3. 思い浮かべた情景を順番に発表する。
4. 総監督は最初の1人（演者）を決め，以下のように進める。
   ①「あなたは今，思い浮かべた情景の中にいます。そこにいて感じていることをモノローグしてください」
   ②「隣の人が補助自我の役割を取り演者の思いを大切にしてかかわりましょう」
5. 次に補助自我は監督の役割を取り，次の演者を決めて4—①，②を行う。
6. 同様にして順に演者，補助自我，監督の体験をする。

■ 効　果

○主演者として大切にされる体験ができる。
○補助自我としての在り方を学び，監督体験ができる。

■ 展開例

➡　手続き3

○林の中，海の家，広い家の縁側，自分の部屋，温泉，山の頂上，ふわふわのソファの中で癒しの音楽が流れている。

➡　手続き4

○演者は山の頂上に立って「向こうに登ってきた道が見える。涼しい風で気持ちいい」とモノローグ。補助自我は「私は標識です。こっちは3時間かかる道ですが，素晴らしい眺めと高山植物など珍しいものがたくさんあります。こちらは人も多く簡単に行ける道

です」と，可能性を示す。演者はしばらく考えて「3時間の方に行ってみましょう」と決め，歩き始める。

> **コラム　私がいるところに**
>
> 　その日かなり疲れていた私は今いるところを"ふわふわのソファの中"に決めました。並べた椅子をソファに見立てて，すっぽりと沈み込んでいるイメージで斜めに座り，心地いい椅子に癒しの音楽が流れているという設定。そこへ登場した人が，窓を開けて心地いい風を入れてくれ，さらに思いがけないアロマの香りまで。自分では思いつかなかったことだけに，その人の思いやりが伝わり本当に癒されたようで心地よかったです。思わずその人にお礼を言ってしまうほどに。こんなことってあるのですね，心理劇では。
>
> 　　　　　　　　　　　　　　　　　　　　　　　（大澤真理子）

Part Ⅲ-⑳　私と心理劇との出会い

実施のめやす	☆
時　間	15分～30分

■ 目　的
心理劇の意味やこれまでのかかわりを明らかにし，今後につなげる。

■ 基本的手続き

1. 監督は研修会の活動記録や年表等を配って説明する。
2. 監督は〈図〉を描き，「心理劇との出会いは，この図のどの辺りか，今とのつながりは，どのように感じられるかをそれぞれノートに描いて見ましょう」と指示し，参加者に順に聞く。
3. 監督は"心理劇と出会ったときの感じ"をひとことで表現するように言い，参加者に順に聞いていく。

〈図〉いま・ここ／過去／未来

■ 効　果

○ 年表等が用意されていることで，参加者が過去を共有し相互の理解が深まる。
○ 図に描くことにより，自分にとって過去がどのように位置づき，現在・未来とどうつながっているのかが鮮明になる。

■ 展開例

➡ 手続き❷

○ 1972年。「平和のための心理劇」という会議があって，その頃からかかわっている。
○ 最初に出会ったのは1975年頃で，しばらく眠っていて，再度出会ったのが2002年の春。それからは続いている。
○ 5～6年前から参加しています。

➡ 手続き❸

○ おそるおそる，ドキドキしながら，いつの間にか

配慮すること

○経験の有無にかかわらず，誰もが流れの中に位置付くようにする。

コラム　私にとっての心理劇

　初めて出会ったのは学生時代，それは今は亡き松村先生との出会いでもありました。先生のあり方にも心理劇にもそれまでにない新しい何かを感じ，よく分からないままにともかく参加して体験を重ねることから始まりました。最初はなかなかふるまうことが出来ず観客でいることが多かったと記憶しています。それ以来長い時を経る中で，心理劇は先生提唱の関係学と共にいつしか私自身の生き方の基盤となっていきました。＜今・ここで・新しく＞＜満点からはじめよう＞や「（素晴らしいと評価した人に）そう感じとることの出来るあなたがいることで素晴らしくなるのです」など。

　胸に響いたこれらの言葉と共に心理劇への参加を続けながら，日々の生活，仕事，研究会などにおける実践の手がかり，確認，構えの建て直しなどに少しずつつなげていけるようになり，今では大事な指標になっています。

　松村先生と心理劇に出会えたことに感謝しつつ，これからもずっと参加を続けて永続的変革の姿勢でいたいと思います。　　（大澤真理子）

コラム　監督の立ち位置・たたずまい

　指先の意識を延ばして線がつながり，円が閉じている，と感じてみましょう。そのようにして，内の円，中の円，外の円を3人で作り，同心円と見ます。この指先の意識を延長し，感じ，捉えるということは監督の立ち位置，姿勢，たたずまいとして注意しなければならない，と松村先生に丁寧に教えられました。

　監督は集団を包むように，軽く両足を開き，両手を開いて立ちます。指先は集団から離れた所にいるメンバーもきちんと捉え，彼を全体の中に位置付けます。そのように実際に立ってみると，集団も良く捉えられ，全体状況にも意識が渉り，外からの刺激にも気が付き易い，ということがよくわかります。行為により意識が助けられることを実感します。

　このたたずまいは脳裏に焼き付いた，在りし日の恩師の姿そのものでもあります。

　　　　　　　　　　　　　　　　　　　　　　　　（田中慶子）

Part IV

"私の思い"から始める

　"私の思い"はそれを大切に聴いてくれる人々がいることにおいて，語ることができます。参加者は一人ひとりの語る"私の思い"に誠実に耳を傾け，求めに応じて役割をとり，希望が実現するように，効果的に表演して協力をします。リーダーは参加者に，一人一人の思いを尊重すること，内容の批判や比較をすることのないように伝えて，グループへの信頼・安全をお互いが守ることを促します。

　このパートでは，時間軸・空間軸・状況軸を多様に設定して"私の思い"にアプローチします。

　時間軸では，未来の夢を見据えながら，或いは過去の楽しい思い出を通して"私の思い"を体験し，今を生きる自分への力としたり未来へのリハーサルをします（No.23,25,26）。また，過去の体験（思い）を表演することにより区切りをつけて現在の自分を確立させます（No.21）。

　空間軸では，主観的な時間が経過するなかで現在から未来を観ることにより現在と過去・未来とのつながりを見出します（No.24）。役割交換で大切なのは気持ちだけで相手を理解するのではなく，座っている位置を交換してみることにあります。見え方の違いが感じ方の違いにつながり他者理解や自己理解につながります（No.27）。

　状況軸では，何もない空間に意味を創りだし関係変化体験を成立させ，人と人の思いが相互に関係しあってもたらされる状況を体験します（No.22）。

㉑ 〈この夏の思い〉から始める
　最近の自分の思いや気分を身体で表演します。表演したことを言葉で説明したり，質問に答えたりするなかで，自分一人で思っていたことがはっきりしてきたり，新たなことに気づいたりもします。

㉒ 野原に女の子が
　舞台には「野原に一人の女の子がいる」ということだけが提示されます。このほんのわずかな手がかりをもとにして状況を創っていきます。主人公の女の子の思いを尊重しながら，即興的に展開します。

㉓ 〈私の夢〉の実現
　自分の夢を実現するには何が必要で，何をしたらよいのでしょうか。この技法は自分が自分の補助自我となりグループの協力を得て〈私の夢〉を実現しようというものです。夢の実現を少しだけ先取りしてみませんか。

㉔ 種が成長して
　種が成長するイメージを心に描きながら進めます。種の成長は千差万別であり，1年経って1メートル伸びた木も，ようやく土から芽を出し始めた種もあります。成長した木から見える人間の未来の世界はどのようになっているでしょうか。

㉕ 思い出を楽しく
　昔の楽しい思い出と，現在の自分が出会って新たな思い出が生まれます。自分の楽しい思い出を他の人が読むのを聞いたり，場面設定して再現することにより，思い出への新たな気づきが生まれることでしょう。

㉖ 〈こうありたい自分〉を描いて
　自分の可能性を広げたい時には漠然とした大きなことではなく，具体的に，例えば「～というような場合に～できるといいな」などと課題設定をします。こうありたい自分を絵に描いて補助自我にその役割をとってもらい，自らがアドバイスもしながら，新しいかかわりにチャレンジします。

㉗ 役割を交換して
　他者の立場から自分を観たり，相手の心情を感じ取る代表的な方法です。監督は役割交換のタイミングなどを充分に留意してすすめます。

Part Ⅳ-21 〈この夏の思い〉から始める

実施のめやす	★
時　間	30分以上

■ 目　的　　気分を表演して新たに始める。

■ 基本的手続き

1. 参加者は丸く座る。
2. 全員が立って〈この夏の思い〉（どんな思い，気分で過ごしたか）を両手を使って表演する。
3. 今いるところから少し動き，出会った人と「この夏はどんな気分，思いで過ごしたか」を表演しながら伝え合う。同様にして2人目の人と出会う。
4. 3人目に出会った人と2人組になり着席して研修会へのねらいをお互いに話す。（約5分）
5. 相手の人のねらいを全体に紹介する。
6. 紹介してもらった自分のねらいを補足し，感じたことを話す。

■ 効　果

○期間を限定して思い起こすことで，参加者がふるまいやすくなる。
○自己の課題の明確化と課題の共有が進む。

■ 展開例

➡ 手続き5 6

○自分の時間が欲しくて，自分の世界を広げたいと思って参加したそうです。
○久しぶりにリラックスして動けるようになりたいようです。
○二者関係から三者関係への広がりが課題だそうです。
○自分の話したことを相手がきちんとまとめてくれた。そんな風に伝わるのだなと思った。

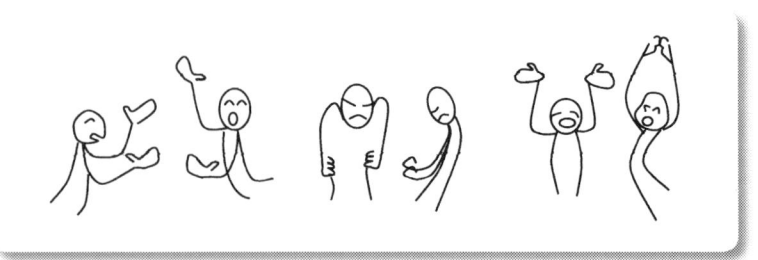

野原に女の子が

Part Ⅳ-22

■ **目　的**　イメージを重ねて新しい状況を共に創る。

実施のめやす	★★
時　　間	15分～30分

基本的手続き

1. 「ここは野原です」と監督が言って場面を創る。「野原に女の子がいます」と言い、"女の子"になる人を決める。
2. 女の子は野原に立ち、他の人たちは自発的にかかわり、場面や状況を創っていく。

効　果

○創造的想像の世界を楽しむことが出来る。
○新しい状況を創る補助者の養成になる。

展開例

女の子が歩き始めると、参加者の一人が立ち、「ぴょんぴょん」と跳ねながら出てきて「ウサギです！おじょうさんこんにちは」と話しかける。「コンコン、ぼくはキツネだ。よろしく。一緒に遊ぼう！」とつぎつぎに小動物の役割を取り、参加者が集まってきて、何をして遊ぼうかと相談を始める。そこへ女の子の両親が女の子を探しに来て、女の子を見つけて走り寄る。女の子、両親、動物たち全員で"かごめ、かごめ"をして遊び、夕方になったので女の子は両親と家に、動物たちは森に帰る。

配慮すること

○監督は変化状況にかかわりながら、最初に動き始めた個人の思いが尊重されているかを常に配慮する。

コラム　イメージからアクションへ

　季節はいつ頃？　どうして一人なの？　女の子は何歳？　どこから，何をするつもりで野原にいるの？　私も野原でタンポポを摘んだことがあったなあ，など，イメージはあちこちに広がります。　自分が関わることで状況はどのように変化する？……などと，疑問も湧き上がり，状況から身を引いてしまうこともあるかもしれません。この技法のように，場面展開が任されている状況に身をおいた場合，自由に関わってみようと考えるか，方向が見えなくて難しいと考えるか，アクションを起こす際の判断基準は人それぞれでしょう。

　グループの導入として活用する場合は，関わりながら状況を創造する楽しさを，共に体験できるとよいなあと思います。　　　（土屋明美）

　「野原に女の子が」が初めて紹介された時の体験から状況概念について論述*した中で，小里國恵は，本技法を個と集団の相即的変化を目指す，関係状況療法における心理劇として位置づけ，展開する際の指標として，次のことをあげている。

1. どの個もそれぞれの世界（状況）がある。それぞれの個がそれぞれの居方で関係状況を支え，動かしている，という認識を持つ。
2. 状況における＜これは？＞の体験を大切にする。
3. 監督的・補助自我的なあり方は，状況の動きに沿いながら状況に節をつくり，その相に何が起こるか期待すること。出会ったものを育てていく姿勢でいること。
4. 個が関係的な役割をになう状況において，個の成長を見る。
5. いま，ここで新しくなったものは皆のものとして育てていく。基盤的な価値（生命の尊重，平和の希求，肯定性の原理など）が達成されているかの確認をする。

*関係状況療法研究会編　土屋明美監修2000「関係状況療法」p.40
関係学研究所

〈私の夢〉の実現

Part IV−23

■ **目 的**　夢がグループで実現される体験をする。

実施のめやす	★★★
時　間	15分〜30分

■ 基本的手続き

1. 3〜5人のグループになる。
2. 演者Aはグループの誰か1人Bに〈私〉になってもらい，〈私の夢〉をBに伝える。
3. AはBの補助者になり，夢の実現に向けてしたいことを伝える。
4. BはAの助言を得て他のメンバーと共に場面を組んで展開する。
5. 夢が実現した場面でAはBと役割を交代し，夢の実現を体験し感想を述べる。
6. 同様にしてグループ全員の夢を実現する。（1人，10分くらい）

■ 効 果

○ゆるやかな自己開示により余剰現実の体験ができる。
○小グループで監督・補助者・演者の役割を取る体験ができる。

■ 展開例

➡ 手続き❷〜❹

私の夢：新種の薄紫の蘭をつくりたい

私☒：蘭をつくる人　　補助者☒：翻訳機　　場所：温室
　　　世界蘭展示会で種を手に入れた私は，新種の花を咲かせるべく翻訳機を駆使して外国の文献を解読するなど努力を重ね，ついに新種の育成に成功する。

➡ 手続き❺

○夢がかなった時，うれしかった。
○自分のイメージとは異なる展開になったが楽しかった。
○実現した時の自分を見守り，夢の実現を体験することができる。
○人の夢の実現に役立ち，多くの人に支えられて夢を実現する体験ができた。

Part IV−24 種が成長して

実施のめやす	★★★
時　　間	30分以上

■ **目　的**　　種の成長を表演し，成長した木から見える情景を語る。

■ 基本的手続き

1. 室内を薄暗くする。
2. 監督は次のように指示し，状況を創る。
   ①「木の種になりましょう。種は土の中にあります」（参加者は自分の場所を決めて，種になる）
   ②「雨が降ってきました」「太陽が照ってきました」「芽を出した種もあります」などと場面操作をして室内を徐々に明るくして行く。種はそれぞれに成長して木になる。
   ③「芽が出てからどの位時間が経ちましたか？」と何人かに尋ねる。
   ④「成長した木からは，周りにどんな風景が見えるでしょう？」と尋ねる。
3. 近くの人が5〜6人集まってグループになる。
   ①どのような木であるかを紹介し合い，木が観ている人間の情景（状況）をそれぞれが語る。
   ②木の観ている情景をグループの他のメンバーが演じる。
   ③木になった人は感想を言う。
   ④同様に順次行う。

■ 効　果

○具体的なもの（成長して行く種）の役割を取り状況の変化に合わせて演じる体験をする。
○成長のプロセスを言語化し，共有する。
○演じられる情景を観ることにより，自分のイメージを越えた現実に気づく。

展開例

➡ 手続き **2**−③④

○芽が出て2年位経っている木です。高い山に生えていて，川が流れているのが見える。明るい陽もさしている。子どもたちが遊んでいるのも良く見えます。

○大草原の一本の木です。

○種がどんどん大きくなって，じゃがいもみたいな木です。

○海岸の岩の上に生えています。下から見ると，きれいだと言われるけど，足元が危ういので必死に根を張っています。

○川を流れて50年。新興住宅地の草地に生えています。

➡ 手続き **3**−①

○恋人同士が見える。

○遊園地で遊んでいる子どもが見える。

○そばに旅行案内所があります。

配慮すること

時間の流れは人により異なることに配慮し，場面転換はゆっくり行う。

コラム　心理劇研修会で

「木の種になりましょう。種は土の中にあります」という監督の指示。
？？「種になるって，どうやって？」

心理劇ではよく「物」になって振る舞うことをします。これはとても新鮮な体験でした。物から見える自己や人や状況。自分を中心にして見ていた時とは違った見方が育っていく。そして種は芽を出し，少しずつ成長して大きな木になっていきます。その時に周りに見える情景を想像すると，"現在" から "未来" に拓かれていく自分を感じます。監督に「芽が出てからどの位時間が経ちましたか？」と問われて，人によって，またその時の状況によって，時間の流れの速さは違うのだということを実感し，自己と人とものが大切にされた心理劇ならではの体験をしました。

（蔡　和美）

コラム　種が成長して

　主観的な時間の流れは人それぞれであることが分かる瞬間は何とも言えない驚きがあります。「芽が出てからどの位時間がたちましたか？」という問いかけに「まだ，芽を出していません，芽が出るまでに時間がかかるんです」という応えに次の展開を想定している監督は，内心"ハッ"としながらも確かに芽が出るまでに何年もかかる種はあるかもしれないなどと思い浮かべ，どのように関わればその種を大切にすることになるかを一生懸命に考えていました。心理劇はこのような意外性との出会いがふんだんにあり，一斉に同じ方向には進まない，まさに個人とグループとの「相即的」発展のだいご味を呈しているのだと思いました。この技法は1993年に台湾で開催された国際集団精神療法学会第3回環太平洋地域国際会議のワークショップでも紹介して，日本的に穏やかな展開であるとの感想が多く寄せられました。

（土屋明美）

思い出を楽しく

Part Ⅳ－㉕

■ 目　的　思い出を場面化し，いま・ここでの新しさを見つける。

実施のめやす	★★★
時　間	30分以上

基本的手続き

1. 適当なサイズ（Ａ５版くらい）の紙を参加者に配る。
2. 監督は次のように指示する。「今までの生活で，楽しかったことをいくつか思い浮かべてみましょう。皆に伝えたい内容を一つ選んで紙に書いて，キーワードをつけましょう。あとで他の人に読み上げてもらいます。5分くらいで書いてください」
3. 紙を集めて中央に置き，参加者は他の人が書いた紙を1枚取る。
4. 監督は「書いた人の気持を大切にして1人ずつ『思い出』を読み上げてください」と指示し，キーワードを板書する。
5. 皆でキーワードを見て，類似性や特色を話し合い，似ている人達で5～6人のグループを作る。
   　　例　野外活動の思い出　小学校時代の仲間との思い出
6. グループで思い出を劇化する。
   ①最初に劇化する人が思い出を語る。
   ②メンバーの1人（主演者）に自分の役割を取るように頼む。
   ③次に場面設定して補助自我，観客の役割を決めて劇を展開する。
   ④監督，主演者，補助自我，観客の役割をグループ内で順に交代し，全員の思い出を劇化する。
   ⑤5分ほど演じ，感想を共有する。
   ⑥全員が体験する。

効　果

○自分1人で考えていた「楽しい思い出」が演じられることで，現実の動きになり，他の人に支えられて，今ここで新しく，楽しく感じられる。
○監督，補助自我の体験ができる。

■ 展開例

➡ 手続き❻ー⑤

〈幼稚園の頃のお誕生会〉

○本人，友達，担任の役を取り誕生会の様子を参加者全員で演じる。

○演じての感想；懐かしかった。友達になって，ほのぼのとして楽しかった。私の「思い出」の場面を皆が協力して演じてくれて本当に楽しかった。

〈熊が逃げた〉

○本人，友達，家族，近所の人，熊が飼われている施設 の役をとる。近くで飼われていた熊が逃げたという連絡が学校に入る。子ども達は学校で待機し，家族の迎えを待つ。

○演じての感想：熊のいない檻を見て寂しかった。大人達が学校の外にいて興味津々だった。

■ 配慮すること

○楽しい思い出とはいえ，個人の内面に関わることであるので，その人の思い出が尊重されるようにする。

〈こうありたい自分〉を描いて

Part Ⅳ-26

■ **目　的**　〈こうありたい自分〉を補助自我として自己理解を深める。

実施のめやす	★★★
時　間	30分以上

基本的手続き

1. 画用紙（Ａ４くらい）と様々な色の水性ペンをグループ（5－6人）ごとに用意する。
2. 参加者は紙と水性ペンを取り，もう１人の自分〈こうありたい自分〉を描く。（３分～５分）
3. グループで監督を決め，主演者Ａを決める。
4. Ａはグループのメンバーに絵を見せて説明する。
5. Ａはもう１人の自分を演じてもらう人Ａ′をグループのメンバーに依頼し，絵を渡す。
6. 監督はＡと相談して〈こうありたい自分〉が活かされるような場面を設定する。
7. ＡはＡ′から絵を受けとり，観客になる。
8. Ａ′は場面設定されたなかでＡを演じる。
9. 監督はストップをかけ，Ａに「もっとこうした方がよいということがあるかどうか」を聞き，Ａ′に伝えるように言う。
10. Ａ′はＡのアドバイスを受けて続きを演じる。
11. ＡはＡ′と，役割を交換し，場面の続きを演じる。
12. 感想を言う。

以下，同様に全員が手続き3～12を行う。

効　果

○こうありたい自分を絵に描くことで今の自分への思いがはっきりする。

○こうありたい自分が活きる場面設定をすることで自分の持っている力に気付く。

○こうありたい自分と演じられているこうありたい自分との間にギャップを感じてアドバイスする時，こうありたい自分に変われ

る具体的な手がかりが得られる。

■ 展開例

➡ 手続き❷〜⓫

●展開例①

こうありたい自分：見た目はほんわかしているが，ゆるがないきちんとした自分。

場面設定：先生方が授業時間に関して会議を開いている。

展開：2人が意見を主張し合い，対立する。

AからA′に向ってのアドバイス：もっと人の意見を聞いてみたら。

展開：クラスの人数や事務手続きについて話し合う。

●展開例②

こうありたい自分：元気ではつらつとしている自分。

場面設定：運動会。

展開：リレー，綱引き，借り物競争など元気にはつらつと参加する。

AからA′に向ってのアドバイス：そのままで良いです。

展開：他の人たちをリードして元気に山登りをする。

役割を交換して

Part Ⅳ－27

■ 目　的　　役割を交換することで見え方や感じ方が変わる体験をする。

実施のめやす	★★★
時　間	30分以上

基本的手続き

総監督は以下のような手続で各グループでの活動が進むように指示する。

1. 3人で一組になり，主演者A，補助者B，監督Cを決める。2つの椅子を向かい合わせに置き，監督Cは両方を捉えることが出来る場所に立つ。
2. 役割を決める。主演者Aは親に，補助者Bは子どもになる。
   ①監督Cは椅子に腰掛けた主演者Aに，どのような親になるか，どのような子どもかを話す。
   ②主演者Aはもう一方の椅子に移動し，どのような子どもかを演じる。
   ③主演者Aはもとの椅子に戻って親の役割を取り，補助者Bが子どもの役割を取る。
   以上のようにして役割や状況をはっきりさせる。
3. 各グループで手続き2①～③を行う。
4. 総監督は「日曜日の朝です」と場面を設定し，各グループで活動を進めるように言う。
   〈各グループでの活動〉
   ①監督Cの合図で，主演者Aと補助者Bがやり取りを始める。
   ②監督Cは2人のやりとりが一方的になっている場合や同じような会話が続くなど，新しい展開が必要な場合にストップをかけ役割交換をする。役割を交換したら，ストップの前のフレーズを繰り返して，その後を続ける。
   ③役割交換を数回繰り返した後に，最初の役割で終える。
   ④補助者，主演者，監督の順に感想を述べる。
5. 次の人が主演者になり3 4を行い，メンバーは主演者，補助者，監督の3つの役割を体験する。

■ 効　果

○相手の役割をとることで相手の気持ちに近づいて感じ，考えることが促される。
○相手が自分の役割を取るのを観ることで，新たなかかわり方や可能性を見出すことができる。

■ 展開例

次頁図２－１。
○役割の設定については先生と生徒，上司と部下などがある。

■ 配慮すること

○Ａ（主演者）がＢ(補助者)の役割と交換し，再びＡ（主演者）の役に戻るプロセスを１セットとする。２セット以上，10分ほどを目安とする。

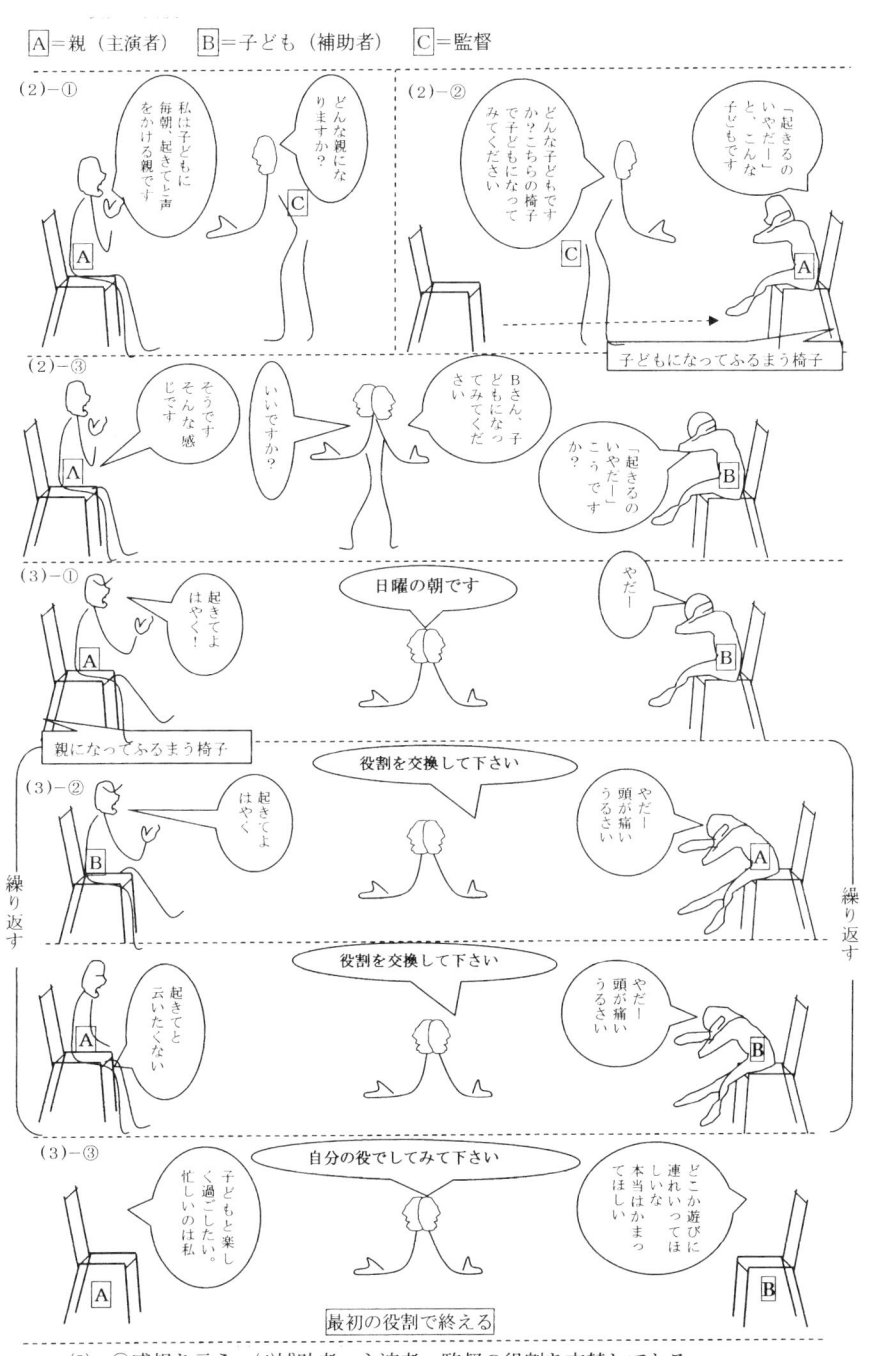

(3)−④ 感想を言う。(4) 補助者・主演者・監督の役割を交替してとる。

図2−1

Part V

"いま・ここ"を超えて

　Part Ⅲでは「いま・ここで・新しく」について紹介し，時間の流れに乗りながら，新しさを獲得することの大切さに触れました。

　このパートではさらに広げて考えます。私たちの生活では「いま・ここで」生きているつもりでいても，過去が現在を占有したり，未来への先取りをするあまりに，現在の状況を捉えることが難しいこともあるでしょう。現実の厳しさや様々な思いに縛られて解決の目途も立たず，身動きのできない状況に置かれた時には，ひとまず想像の世界へ思い切って飛んでみます。これは現実から逃げることを意味しているのではありません。

　とらわれのない自由な世界に生きると，思いがけない発想や気づきが得られたり，力がついたりもします。現実を超える「余剰現実」の世界で新しいことにチャレンジしたり遊んでみましょう。新しい視点から事柄をみたり，自分の力を変化させる手掛かりをみつけることができます。

　「魔法の店」は心理劇ではとてもポピュラーな技法であり，目的に応じていろいろに応用ができます。

㉘　空想―者関係体験
　どこに暮らしていても，どんなに状況が厳しくても想像の力を働かしてどこへでも行くことができます。想像の世界での楽しい体験は一瞬のことに感じられても，いま・ここに生きている私たちに力を授けてくれます。

㉙　絵本から飛び出して
　この絵本は動く絵本です。3人でストーリーを創り，次の3人がストーリーに登場する人や物になり動く絵のように演じます。次の3人は絵の続きのストーリーを創る，というように交互に進めて1冊の絵本を創ります。
　さあ，どういう題名がつくでしょうか。

㉚　模造紙にイメージを描いて
　テーマから思い浮かぶことを手掛かりに，ストーリーを創るドラマを楽しみましょう。模造紙にテーマから思い浮かぶことを言葉や絵で自由に書きこみ，グループでストーリーを創ります。そのストーリーを即興劇にすると，また新たな展開が生まれることもあるでしょう。

㉛　私の欲しいもの―魔法の店 Desire
　この店では，自分が欲しい物をかなり容易に手に入れることができます。欲しい物をもらう代わりに，自分がしばらく使わない品物を預けるという，質屋さんのような魔法の店です。現実を楽しくする物が欲しい時に行うと，より元気になるでしょう。

㉜　私の自由時間―魔法の店 Time
　この店では，自分のライフスタイルを考えさせられます。自由時間に見合うものは自分のどういうものなのか，店員さんを納得させられるものを自分の中から探し出します。さあ，手に入れた自由時間で何をしましょうか？

㉝　私の欲しい力―魔法の店 Power
　この店では，「欲しい力」を売っています。欲しいものは抽象的であり，店員さんとの交渉に時間を要します。お客さんが交換として提案するものはネガティブな特徴であることもしばしばです。全てを店に置いても構わないという提案もありますが，「その中の何割ぐらい？」などと質問をして，お客さんに考える時間を用意します。

㉞　3つの部屋とファッションショー―魔法の店 Show
　この店には，変身したい自分を手伝ってくれる3つの部屋があります。身支度を整えたら仕上げはファッションショーです。想像の産物で着飾っての気分はどうでしょう？

Part V—28 空想一者関係体験

実施のめやす	★
時　　間	15分以内

■ 目　的　いま・ここから想像の世界を広げる。

■ 基本的手続き

1 監督は次のように指示する。
　①「この部屋から行きたいところに1人で行き，帰ってきましょう。目を閉じて想像で出かけてください。帰ってきてほしい時に知らせます」
　②「この部屋の扉を開けて外に出ます。どんな乗り物を使ってもよいです。では出かけましょう」（2～3分）
　③「そろそろ帰ってきてください。帰ってきた人は手を挙げて合図をして目を開けてください」

2 隣の人と出かけた様子を伝えあう。

■ 効　果
○現実規定性を超えて想像の世界で遊び，今・ここへ戻る体験をする。

■ 展開例
➡　手続き**2**
スイスのマッターホルン，北海道の紅葉狩，奥多摩へ

■ 発　展
○空想二者関係体験
　監督は想像した誰かと2人で一緒に行くように指示し，空想一者関係体験と同じ手続で行う。

絵本から飛び出して

Part Ⅴ—㉙

■ **目　的**　　語ることと演じることを交互に行い，物語を創る。

実施のめやす	★★
時　間	30分以上

■ 基本的手続き

1. 監督は3人グループをつくるように指示する。
2. 絵本を開き（見立てて），3人で相談して絵本1ページのストーリーを創り，読みあげる。
3. 2番目のグループがストーリーを演じて，内容を発展させる。
4. 監督はストップをかけ，ページをめくる。
5. 3番目，4番目のグループが手続き❷❸を行い，全員で1冊の絵本を創る。
6. 最後のグループが絵本の題名をつける。

■ 効　果

○参加者が創ったストーリーを手がかりにして，いろいろな発想が生かされて，自発性が促進される。
○ページをめくるということで，場面の転換が明確になる。

■ 展開例

➡　手続き❷

お兄さんと妹は夏休みになったので，お母さんと一緒に山の家に行きました。とても良いお天気です。

➡　手続き❸

兄：あそこに窓がある。
妹：あけてみようよ。あっ，山が見える。
母：わーきれいねー。何という山かしら？
兄：のこぎり山だよ。今度の日曜日，お弁当を持って登りに行こうよ。

➡　手続き❻

「のこぎり山の朝」

Part Ⅴ-30 模造紙にイメージを描いて

実施のめやす	★★★
時　間	30分以上

■ **目　的**　設定されたテーマを絵や言葉で表し，表演する。

基本的手続き

1. 参加者は丸く座る。
2. 総監督は3人の監督チームを募る。
3. 監督チームは小グループの数に合わせて題名を考え，模造紙に書く。（1グループ5～6人とする）
4. 参加者は関心のある題名の周りに集まり，題名からイメージする言葉や絵を模造紙に描く。
5. 各グループで題名に沿った3つの場面を演じ，発表する。

効　果

○題名のイメージを共有して場面を創ることにより，自発的，即興的にふるまいやすくなる。

展開例

➡ 手続き3

劇の題名は「冬物語り」「小さな世界」「希望」「1993年の終わり」など。

➡ 手続き5

○劇の題名:「1993年の終り」
- 場面1　1993年の年の瀬です。寒い冬の夜に除夜の鐘が響いてきます。
- 場面2　年越し蕎麦の店は多くのお客さんでにぎわっています。お店の人は忙しそうに働いています。注文した品を待っている人，家族でおいしそうに年越しそばを食べている人がいます。
- 場面3　お客さんの提案で「第9」を歌うことになりました。お店にみんなの歌声が響きます。

私の欲しいもの ― 魔法の店　Desire

Part Ⅴ-㉛

■ **目　的**　私の欲しいものが手に入る体験をする。

実施のめやす	★★★
時　　間	15分～30分

基本的な手続き

1. 監督は「夏に向けて自分が欲しいものを魔法の店で買いましょう。お金のかわりに自分がしばらく使わないというものをお店に預けます」と指示する。
2. 参加者は1人ずつ客になり店に行く。
3. 補助自我あるいは監督が店員になり，客の希望が実現するように対応する。

効　果

○店員とやり取りをして，欲しいものが手に入る楽しい体験をする。

展開例

➡　手続き❷❸

	欲しいもの	店員と客のやりとり	預けるもの
客A	靴が欲しいです。だいぶ古くなったので……	こういう色，色が3種類くらい。白と黒と，グレーとあります。	ウエストポーチを預けます。
客B	フロリダに行く飛行機のチケットを探しているのですけれども……	はい。何と交換しましょうか？⇨B：今……思いつかない。	水着が2点あって，ひとつは着ないので預けます。
客C	夏に向けて，涼しげなノースリーブのワンピースを買おうと思っているのですけれど……	どのような色にしますか？⇒C：今日の気分は水色です。	同じようなワンピースがあるのですけれど，ぶかぶかで着なくてもよくなったので，預けます。

配慮すること

○場面は実施する季節に合わせて提示する。

補助自我(店員)　　監督(店員)

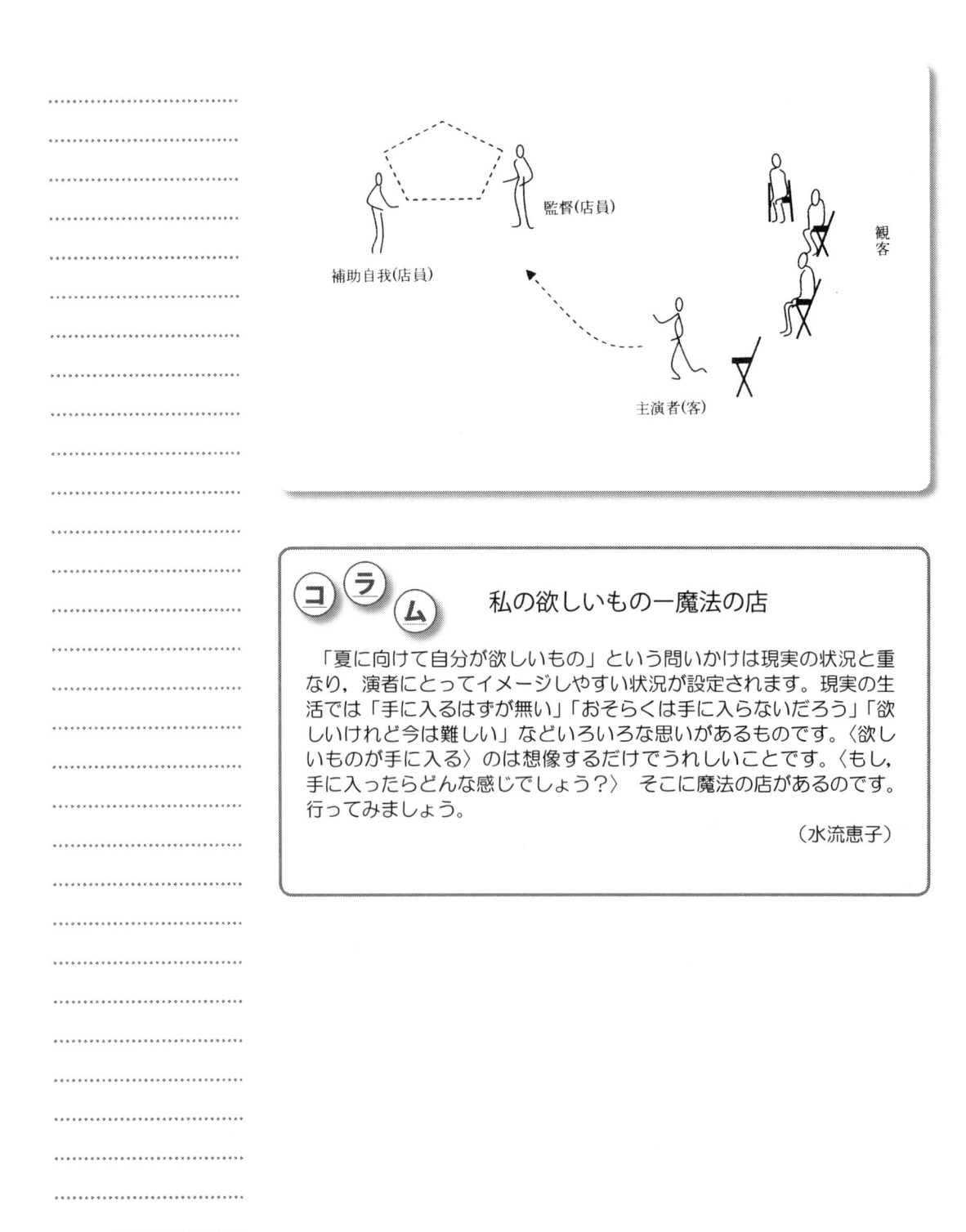

観客

主演者(客)

コラム　私の欲しいもの―魔法の店

「夏に向けて自分が欲しいもの」という問いかけは現実の状況と重なり，演者にとってイメージしやすい状況が設定されます。現実の生活では「手に入るはずが無い」「おそらくは手に入らないだろう」「欲しいけれど今は難しい」などいろいろな思いがあるものです。〈欲しいものが手に入る〉のは想像するだけでうれしいことです。〈もし，手に入ったらどんな感じでしょう？〉　そこに魔法の店があるのです。行ってみましょう。

（水流恵子）

私の自由時間 － 魔法の店　Time

Part Ⅴ－32

■ **目　的**　欲しい時間に見合う自分の何かを見つける。

実施のめやす	★★★
時　間	30分以上

基本的な手続き

1. 監督は「魔法の店であなたの自由時間を買うことができます。自由な時間を買い，そのかわりに自分の何かを置いていってください」と指示する。
2. 参加者は1人ずつ客になり店に行く。
3. 補助自我あるいは監督が店員になり，客の求める自由な時間と置いていくものが見合うようにやりとりをする。

効　果

○魔法の店で店員とやり取りする中で，葛藤する感情や認識の整理をする。

展開例

➡　手続き❷❸

客　：こんにちは〜。
店員：はい，いらっしゃいませ。
客　：朝9時から夕方5時まで，ず〜っと自分の時間をください。
店員：はい。「ず〜っと」ってどれくらいでしょう？
客　：9時から5時を1年ぐらい。
店員：1年分ですか。土曜日，日曜日もですか？
客　：はい。私が売りたいのはマイナスの心，心配事。時々，ふっとマイナスになる時がある。
店員：そうですか。それってどれくらいの量でしょうか？
客　：昔よりは軽くなったと思います。
店員：ちょっと足りないかもしれません。
客　：昔の嫌な思い出もあります。
店員：それはまだいっぱいお持ちなのですね。そういうものをアルバムにまとめていただけますか？

客　：このくらいの厚さです。〈ジェスチャー〉（笑）
店員：ちょうどいいかと思いますので，一年分差し上げます。
客　：はい。ありがとうございます。

> **コラム　魔法の店とは**
>
> 　魔法の店の基本的な枠組みは次の３つです。
> 　　1．魔法の店は物々交換の店ですので，お金は扱いません。
> 　　2．魔法の店には何でも売っています。目には見えない抽象的な価値・心持・不思議な物など。
> 　　3．客は自分の欲しい物と同じ価値の物・心持などを店員と交渉して渡して，欲しい物を手に入れます。
> 　物々交換の店での値段の交渉は，店主と客の駆け引きであり，客がどれだけ本気でその物を欲しいと思っているか，また，必要としているかなどが問われます。ここに紹介する「魔法の店」の店主は，客の求めに応じてさほどこだわらずにスッとやり取りをしており，客にはさほど大きな葛藤は生じていないように見えます。欲しい物，必要な力などを意識化して次に進む手がかりとしての魔法の店での買い物です。
> 　この技法により個人のテーマを浮かび上がらせて次のステップへと進める場合には，客と店主の関係はよりカウンセリング的に展開します。
> 　　　　　　　　　　　　　　　　　　　　　　　（土屋明美）

私の欲しい力 ― 魔法の店　Power

Part Ⅴ―㉝

■ **目　的**　　自分の感じ方に気づいて変える手がかりを見つける。

実施のめやす	★★★
時　　間	30分以上

■ 基本的な手続き

1. 監督は「魔法の店にあなたが欲しい力があります。力をもらうかわりに自分の何かを置いていってください」と指示する。
2. 参加者は1人ずつ客になり店に行く。
3. 補助自我あるいは監督は店員になり，客の求める力の強さや大きさなどを聞く。
4. 店員は客の求める力と置いていくものが見合うようにやりとりをする。

■ 効　果

○欲しい力をイメージすることで感情に気付き，言葉で表現できる。

■ 展開例

➡　手続き❷〜❹

客　：こんにちは。プレゼンテーションをする時に論理的に話す能力が欲しいです。

店主：承知しました。あなたに見合うものを売りたいと思いますので，もう少し教えてくださいますか。

客　：私が今持っているプレゼンテーションの力は40％位だと思うので，それを90％位にしたいです……。
〈客と店主のやり取りが進む〉

店主：（店の奥に入って何やら探し出してくる）あなたに一番合うものを探してきました。これを使って話すと論理的に話ができて，きっと輝きますよ。

客　：ありがとうございます。それをいただきたいです。

店主：では，代わりに何を置いていってくださいますか。

客　：そうですね。私はいろんなことを気にしすぎてしまって。

……良く言えば用心深いと言えると思うのですが。用心深い所を2分の1置いていきます。

店主：そうですか……用心深いのはお客様の財産だと思いますよ。大切になさったらいかがでしょうか。

客　：そうですね。それでは……40％だけ置いていきます。

店主：そんなにたくさんいただいて，よろしいのですか。

客　：はい，大丈夫です。沢山持っていますから。

店主：承知しました。それでは，確かにお預かりします。ありがとうございました。

コラム　　魔法の店　ア・ラ・カルト

魔法の店は多様な展開が可能です。
①開店の目的は？　お客さんの可能性を広げる，明日からの力をつける，欲しいものを見つける……。
②店の特徴は？　なんでも売っているよろず屋さん，スーパーマーケットのように何でも揃っている店，質屋さんのように後から取り戻すこともできる店，特定の物やアイディアを売っている店，空想や夢の世界のような余剰現実的なものを売っている店……。
③店のロケーションは？（これは，遊び心です！！）　山奥にあり，なかなか辿り着かない店，大通りの路地にひっそりとある店，雲の上にある店，など。お客さんは店に着くまでの道のりも味わうことができるでしょう。
④店の数：1軒の店，店の種類を変えて何軒か設定して店巡りをする，などもできます。

（土屋明美）

3つの部屋とファッションショー ― 魔法の店　Show

Part Ⅴ-34

実施のめやす	★★★
時　間	30分以上

■ 目　的　手に入れたものを使って新しくふるまう体験をする。

■ 基本的手続き

監督は，部屋のオーナー役3人（2人組の場合は6人）を募り，3つの部屋を設定する。部屋Aは身に着けるものを売っている部屋，部屋Bは自分の持っているものを引き取ってもらう部屋，部屋Cは身支度をする部屋，の3つである。

1. 参加者は，最初の部屋Aで，いろいろな身に着けるものを買う。
2. 2番目の部屋Bで，自分の持っているものを引き取ってもらう。
3. 3番目の部屋Cでは，鏡等の"もの"や援助してくれる"ひと"の助けを借りて身支度をする。
4. 全員参加のファッションショーで新しい自分を紹介する。
5. 感想を言う。

■ 効　果

○日常生活と重なる状況を設定することで，参加者がふるまいやすくなる。
○自分の欲しいものが手に入るという，楽しさを感じられる場面状況がふるまいやすさを誘う。
○自己が人やものとかかわることにより，新しくふるまう体験をする。

■ 展開例

　➡　手続き4
○新しいスーツ，帽子とバック，高いヒールを履いて。
○疲れず沈まないレーザー水着。
○顔が隠れるくらいの大きな扇子を手に持って。
　➡　手続き5
○部屋Bで預けるものをめぐり店員とやりとりして気分が高揚し

た。
○願いを叶えたい気持を支え，余分なものを受け取ってくださった皆さんに感謝します。
○捨てることは出来ないので，店員さんに預かってもらった。
○絵本の世界のようなストーリー性があって面白かった。

> **コラム** 魔法の店― 3つの部屋とファッションショー
>
> 「いらないものは，おしゃれなハイヒール。もう履くこともないでしょう，疲れてしまうし。よくこのような窮屈な靴をはいて，電車で立ったまま1時間かけて都心まで出たものだ！！
> 　欲しいものは？　もちろん羽のようにすいすい歩ける身体にやさしい靴ですね。たまには，ほしい物をほしいままに無条件に買うのも楽しいです。ファッションショーをするのだったら，この靴に合う服もコーディネートしてもらおう！　新しい靴を履いてどこへ行こうかしら？……。」次から次へとしたいことが湧いてくるとても刺激的な買い物ができました。
>
> 　　　　　　　　　　　　　　　　　　　　　　（土屋明美）

第2章 技法編 始めましょう 85

Part VI

「自己・人・もの・状況」関係の発展

「人間は関係的存在」です。さまざまな人と出会い，省察し，自然や文化の恩恵を受けて自発的・創造的・生産的に生活しています。このパートでは関係学の基本を行為法により学びます。

基本概念として「自己」「人」「もの」「状況」「同心円的存在の仕方」，基本理念として「満点からの出発」「平和の状況創り」を掲げます。

従って，場面設定は多少抽象的になる演習（No.37，No.38，No.40）もありますので，参加にあたっては積極的に参加し，変化する状況に身を置いて感じること・捉えられることを細かくキャッチして，言葉にするようにしていただきたいと思います。これらの体験は特に対人援助職の養成には必要不可欠なことです。かかわり方の微妙な変化によりもたらされる体験を認識することにより，次の活動へのかかわり方に広がりがもたらされます。

変化を捉える時は「自己・人・もの・状況」との関係で，何が変化したかを考えます。関係の変化は，関わりあうことにより生じることであり，いわゆる刺激と反応としての変化という二者的な捉え方はしません。私が感じることは，私とあなたが共にいて，私において成立することであり，私とものとがかかわることにおいて私に成立することです。従って，どのような人が，また，どのようなもの（実在物だけではなく価値や概念も含めて）が，どのようにかかわりあっているか，を認識できることが大切になります。

共に育つ楽しい状況づくりに参加しましょう。

㉟　物媒介のローリング技法
　隣の人にペンを渡すことから始め，グループが凝集したところで，ペンを他の物に「見立てる」ことをします。想像力を働かせましょう。「ばらの花束です，どうぞ」などと渡すと，隣の人との会話も自然に高まることでしょう。物を見立てて渡す楽しさが体験できれば大成功です。基本を押さえて展開できたら，次には自在に応用ができる技法です。

㊱　「自己・人・もの」との出会い
　歩いたり腰かける位置を変えたり，隣り合わせになった人と挨拶するなど，何気ない行為を節目をつくりながら体験して「自己・人・もの」の体験的理解をすすめます。ここでの「もの」とは部屋の「空間」や行為の「目標」，想像した「お土産」などを指します。

㊲　同心円を体験する
　抽象的な概念を身体で表すと思いがけない発見が成立します。内在的関わり方（同心円的存在の仕方）を同心円の3つの位置から把握して整理します。両手を身体の前に伸ばして円を作り，（触れている指を少しずつ離して）円を大きくしていき，両手が「離れていてもつながっている感じ」が成立するでしょうか。

㊳　3つの椅子を使って
　大グループにおけるサブグループの一員である体験，グループと自分との関係についての体験などが成立します。体験したことを「個人・集団・社会」という概念を用いて再構成したり，グループを喩える（例えば：私と家族と社会状況）などにより，体験内容を新たな視点でみることができます。

㊴　満点から始めよう
　「点数」を「つけるのなら～」満点から始めましょう。満点から始めて満点を超えて，そこをまた満点にして，というように発展していく点をつけます。点の内容と質は各人で異なるでしょうが，誰でも「自己・人・もの」との出会いにより発展していきます。お互いの存在があって発展していることを確認しましょう。

㊵　5つの椅子による状況変化体験
　人間関係の変化を把握して，いま・できる最善の関わりを選択・判断することの要求される対人援助者の基礎訓練に有効です。意識を分化して自分に感じ・捉えられる小さな変化を意識化します。物理的な段差や椅子などを用いることで体験がより明確に成立します。

㊶　平和の船に乗って
　参加者全員で「平和」な状況を創ります。船上で危機的な状況が起きたら，あなたはどのようにふるまうでしょうか。自分も人も，ものも大切にされる平和の船での体験が，船を降りた時にもつながって，一人ひとりの生きる力になることを期待します。

㊷　理論から始める
　主催団体の歴史や背景などを講義形式で紹介します。グループの目的や演習のねらいを提示することで参加者のねらいも定まり演習などに臨むかまえができます。初参加者と何回も参加している人が一緒にいてグループへの関与の相違が顕著である場合などは，特に，基本を押さえて出発点を共有することが大切です。

Part Ⅵ－35　物媒介のローリング技法

実施のめやす	★
時　間	15分～30分

■ 目　的
物を媒介に自分と人がかかわり，関係を発展させる。

■ 基本的手続き
監督は次のように指示する。

1. **物を回す。**
   ① 「ペンを隣の人に渡します。（ペンや鉛筆など手元にある物を活用する）」
   受け取った人は隣の人に渡す。同様にして一周する。
   ② 「早く渡しましょう。」
   ③ 「もっと早く渡します。」（2回～3回）

2. **物を見立てて回す。**（例えばペンを手に取って）
   ① 「『これはペンです』と言葉を添えて渡しましょう」
   受け取った人は同様にして隣の人に渡す。
   ② 「『これはバナナです』と物に見立てて渡しましょう」
   受け取った人は同様にして隣の人に渡す。
   ③ 「各自で見立てて渡しましょう。受け取った人は新しい物に見立てて渡しましょう。他の人が見立てた物と重ならないようにしましょう。他の人にも聞こえるように少し大きな声で渡します。」（2回～3回）
   ④ 「簡単なやりとりをして渡しましょう」

■ 効　果
○物を媒介にすることで集団に参加しやすくなる。
○人に働きかけ，働きかけられて，短時間に集団の凝集性が高まる。

■ 展開例
➡　手続き❷－④
「柿の実です」「ありがとうございます」⇨「ケーキです」「おいしそうですね」⇨「猫の仔です」「かわいいですね」

■ 配慮すること
○見立てることが難しい場合は具体的な場を提案する。例えば「スーパーマーケットにいます。何があるでしょうか？」等。

■ 応　用
○自分が好きな物を隣の人に渡したり，隣の人が喜びそうな物を見立てて渡す。
○隣の人を自分の友人にするなど，役割を決めて渡す。
○旅行のお土産を渡すなど，状況を設定する。

Part Ⅵ—36 「自己・人・もの」との出会い

実施のめやす	★
時　間	15分〜30分

■ **目　的**　自分が人と出会い，ものを活かして楽しい体験をする。

基本的手続き

1. 参加者は丸く座る。
2. 監督は次のように指示する。
   ① 「椅子から立ってしばらく歩きましょう」
   ② 「最初の椅子とは違う椅子に座り，左右の人と挨拶をしましょう」（同様にもう一度行い，今の感じを順に言う）
   ③ 「隣の人と2人で，一緒に行きたい所を決めましょう」（3分位）
   ④ 「部屋のどこかを行先に見立てましょう。2人で出かけて，お土産を持って帰ってきてください」（5分位）
3. 行き先とお土産を皆に紹介する。

効　果

○行きたいところを相談することでイメージが広がり，具体的な活動が促進される。

展開例

➡ 手続き 2 —②
○位置（座る場所）が変わると見え方・感じ方が変わる。
○輪の中に入れた感じがする。

➡ 手続き 3
○新幹線に乗り東北旅行に出かけた。お土産は旅行の栞です。
○大山登山に行きました。お土産は頂上の空気です。

関連技法：Part Ⅴ—28 空想二者関係体験（p.74）

同心円を体験する

Part Ⅵ-㊲

■ **目　的**　同心円を表演し，体験を関係的にとらえる。

実施のめやす	★
時　　間	15分～30分

□ 基本的手続き

体験シートを配布する。

① 3人で小グループになる。
② 立って両手を広げ，指先をつなげて円を作る。
③ 3人が一歩さがって大きな円を作り，指先が離れても円はつながっているととらえられるようにする。
④ 1人が内，1人が中，1人が外に位置して同心円を作り，各自の体験をシートに記入する。
⑤ 3人が順に内，中，外の円を体験する。
⑥ 3人で体験を伝えあい，シートに記入する。

●同心円の体験シート

メンバー	内側の体験	中側の体験	外側の体験
Aさん	①	②	③
Bさん	③	①	②
Cさん	②	③	①

●記入の仕方

①回目：Aは内側，Bは中側，Cは外側に位置して感じたことを空欄に記入する。同様にして②回目，③回目と位置をローテーションする。

■ 効　果

○位置の相違による感情体験がはっきりする。

■ 展開例

➡　手続き❻

安心感・暖かい。楽しい，自由がなく窮屈，守られている，ひとりぼっち，閉じ込められている，外に出たら寂しい，うまくいっている感じ，内と外に挟まれている，圧迫感が暖かい内と外の人の変化が異なる，内と外のバランスがとれている，内と外の役割が気になる，自分が守る人と自分が守られる人，自分が指導者・保護者である感じ，全体が見えて外に開いて行く，内と外が見えて関わりたい，宇宙，なにしようかな，自分の力が抜けて自分の可能性が開かれて感じ

■ 発　展

手続❺の感想を関係的にとらえると表のようにまとめることができる。(「関係的なとらえ方」第3章)

p.136 − 137

	内の体験	中の体験	外の体験
一般共通性	受動性の感情体験	内と外を捉える。受動性と能動性の感情体験	全体を捉える。能動性の感情体験
典型類似性	・守られている。 ・閉じ込められている。 ・ひとりぼっち。	・内と外のバランスがとれている。 ・内と外に挟まれている。 ・内と外の役割が異なる。自分が守る人と自分が守られる人。	・内と外が見えて関わりたい。 ・全体が見えて外に開いていく。 ・自分の力が抜けて，自分の可能性が開かれた感じ。
個別差異性	安心感，暖かい，楽しい。自由がなく窮屈。外に出たら寂しい。	うまくいっている感じ。圧迫感が暖かい。内と外の人の変化が気になる。	自分は指導者，保護者である感じ。宇宙。なにしようかな。

(関係状況療法　2000年　関係学研究所刊)

コラム　一般共通性・典型類似性・個別差異性

　同心円の内，中，外に位置して，自分の"今の感じ"をメモしておく。3人がそれぞれ自分の3通りのメモを持ち寄り，同心円の内側に居た時の感じを比較検討する。同じように中側に居た時の感じ，外側に居た時の感じを検討して，みなに共通して感じられたものはこのグループの中で一般共通性があるもの，2人に共通していたものは典型類似性があるもの，1人に成立した感じは個別差異性と捉える。

　1987年のサイコドラマ講座で松村はこのことに関して次のように述べている。

　「一般共通性，典型類似性，個別差異性という3つの見方を同時に認識的に持つことと，その行為化が偏見に先んじる。（偏見を育てない）人としての一般共通性。

　自分は皆と違う（個別差異性）が，向こうには仲間がいる，という典型類似性。こちらのグループとあちらのグループは違うという見方の所属意識の固定化は差別につながる。一般共通性としてまとめても，典型類似性として一つのグループとしても，ひとり一人はみな違うので，基本的な3つの捉え方の中できちんと考えることが出来るとよい。（三者関係論的認識，同時統合的把握）」

　このことは仕事をする場面や生活するうえで私にとって考え方や判断の基礎を成しています。

（田中慶子）

Part Ⅵ—38　3つの椅子を使って

実施のめやす	★
時　間	15分〜30分

■　目　的　　自分と集団の関係をとらえる。

基本的手続き

1. 参加者は丸く座る。
2. 円の真ん中に3つの椅子を背中合わせに置く。
3. 監督は参加者から3名を誘い，椅子に座るように言う。
4. 監督は3人に「全員をとらえられるように受け持ちを相談しましょう」と指示する。
5. 3人は受け持ちの一人ひとりとうなずき合う。
6. 最後にうなずいた人は真ん中の椅子に移動し，他の人は順次席を移る。
7. 真ん中に座った人は同様にして全員とうなずき合う。
8. 同様にして全員が体験する。
9. 感想を共有する。

効　果

○座って話を聞いていた時，真ん中の椅子のところに出て参加者をとらえた時，動いた後の感じ方の違いが明確になる。
○個と集団の関係を視覚的にとらえることができる。

展開例

➡　手続き9
○真ん中の椅子に座ると集団が見えて一緒に活動するのだと思える。

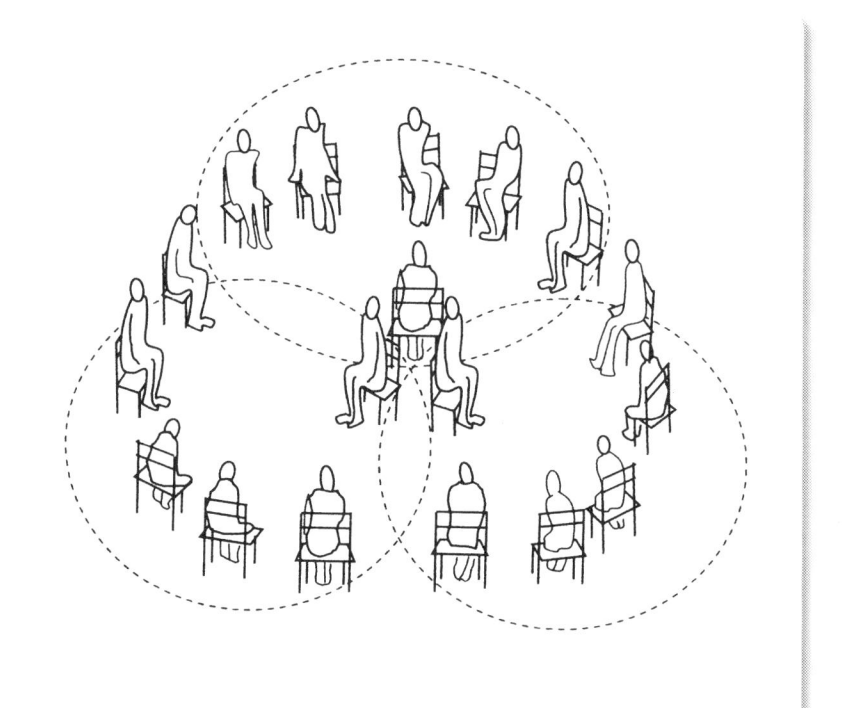

> **コラム　３つの椅子を使って**
>
> 　松村先生は「始め方はいろいろあります。可能性は開かれていてもふるまう時にはただひとつ。その１回限りの活動をどう大切に育てていくか。」と話しながら３つの椅子を背中合わせになるように置くことから心理劇を始めました。状況において自分が人や物とかかわりあって存在している。かかわりの変化によっていろいろな可能性が開かれる。ということは関係学の基本的な考え方です。その可能性を開くことを大切にしながら，ふるまう時にはひとつしか選べない。「ふるまうことの厳しさ」を生活の中で，臨床の場面で感じることは重要なことです。それゆえに共にいる人や状況を鋭敏にとらえることが重要になります。
>
> 　　　　　　　　　　　　　　　　　　　　　　　　（水流恵子）

Part Ⅵ—39　満点から始めよう

実施のめやす	★
時　間	15分〜30分

■ **目　的**　　自他肯定感を確立する

☐ **基本的手続き**

❶ 参加者は丸く坐る。

❷ 監督は『満点から始めよう―今・ここで・あたらしく』を読む。

●● 満点から始めよう　―今・ここで・新しく―　●●

松村康平（1979年）

　つけるのなら，自分にも満点を，ほかの人にも満点をつけて，いま・ここで・新しく，満点から始める。

　だれもがひとりひとり，かけがえのないひとりひとりなのだから，十点満点でもいい。百点満点でもいい。満点をつけて，そこから始める。

　ほかの人にも自分にも，満点を，本気でつけて，共にふるまう喜びが育つと，そこで，ひとりひとりにつけた満点をこえることができる。十何点，百何点，何百点にもなって，そうなったところで，またそこから新しく始める。

　満点をこえ，こえたところをまた満点にして始めるというように，発展していく点をつける。そうして，

　このことを手がかりにして，いま・ここで・かかわっている，自分と人と物とのかかわりを育てて，自分も人も物も大切にされる社会を創る。偏見をもって人をとらえず，自分も物も粗末にされない社会に，していく。それを，

　わたしたちでする。わたしたちが自分から，できることをひろげていく。自分が挫けぬことによって，挫けそうになるほかの人も，ふるい立つことができるように，勇気をもってする。

---

❸ 室内を自由に歩いて5人で1組になり，丸くなって座る。グループで順番を決める。

❹ 進め方には，以下のような方法がある。(「 」は監督の指示)

　方法1
「最初の人はグループ全員に向かって，『私は満点です』と言いましょう」

　方法2
「最初の人は端の人からひとりずつ順に向き合い，『私は満点です』と言いましょう。言われた人は頷いて応えましょう」

　方法3
「最初の人は端の人からひとりずつ順に向き合い，『私は満点です』と言いましょう。言われた人は『はい，あなたは満点です』と答えましょう」

　方法4
「最初の人は端の人から1人ずつ順に向き合い，『私は満点です。あなたは満点です』と言いましょう。言われた人は『はい，私は満点です。あなたは満点です』と答えましょう」

❺ 全員が順に行いグループで感想を共有する。

❻ 監督が『満点から始めよう』を再度読む。

効 果

○人に頷いてもらうことで安心する。
○自分や人への肯定感が育つ。
○人との心地よい関係が育つ。

展開例

➡ 手続き❺
○「満点です」と言われたことがないので，背筋が伸びてくるみたいです。
○恥ずかしいけれど言ってみました。
○私が満点だったらいいなという気持ちで言いました。
○だんだん受け入れられる感じがして，相手との関係が出来て来る

感じがした。
○満点は重いと感じました。

■ **配慮すること**

○姿勢を正してゆっくりと言うように指示する。
○多様な感想を共有することが特に重要である。

コラム　　満点から始めよう　－80人の学生と－

　講義形式に着席した教室で，実習を控えた学生と行いました。ちょっと座る向きを変えて3人1組になり，1人が"言う人"，1人が"答える人"，もう1人は観客の役割をとります。監督は「"言う人"は向かい合った"答える人"に『わたしは満点です』としっかりと言いましょう。"答える人"は『はい，あなたは満点です』と心を込めて答えましょう」と指示します。役割を交替して3回行い，隣のグループの人と一緒になって，6人で感想を述べ合いました。
　「満点と言われてうれしかった」「Happyになれた」「自信がわいた」「人に認めてもらえると，うれしくなるんだなと思った」
　「良くわからなかったけれど，悪い気はしなかった」「何が満点なのか良く分からなかった」「『はい，あなたは満点です』は，ちょっと言い方を間違えるとからかわれているように感じた」「満点は重い」「満点じゃないのになぁ～と思いながら言ったので，わざとらしくなってしまった」
　「観客の時は，ほほえましかった」「楽しそうだった」「うらやましかった」等，様々な感想が語られ，教室はなごやかな雰囲気になりました。

（蔡　和美）

5つの椅子による状況変化体験

Part Ⅵ-⑳

■ **目　的**　位置移動による意識分化と状況変化体験をする。

実施のめやす	★★
時　間	30分以上

■ 基本的手続き

❶　舞台に椅子を配置する。（下図参照）

❷　監督は次のように指示する。

　「椅子が置かれています。座る位置でどのような感じがするか，1人ずつ順に座ってみましょう。」

　　①椅子Aに座る。

　　②（Aに自分の影を残して）椅子Bに移動する。

　　③同様にしてEまで移動する。

❸　Eが終わってからF（全体をとらえる場所）に移動し，Fの位置から自分のいたところを順に見て，最後に観客を見て終る。

❹　同様にして全員が行い，感想を言う。

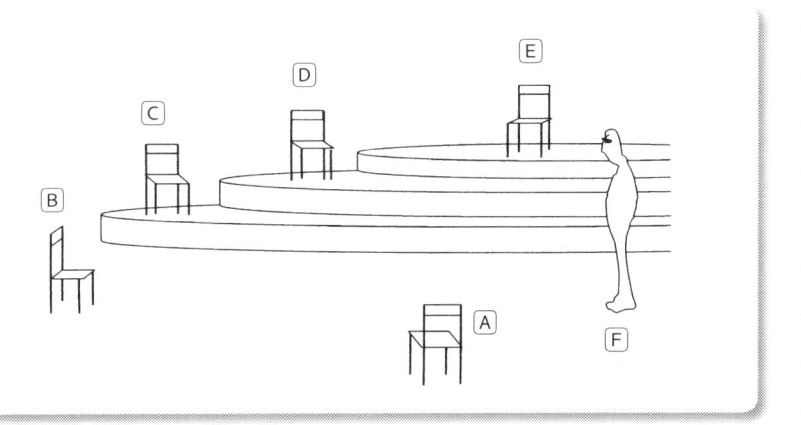

■ 効　果

位置をかえることで意識の分化が促され，状況の捉え方が鋭敏になる。

■ 展開例

➡ 手続き❹

○感想①

椅子A：隣の人と近く安心した感じがする。
　　B：1人で歩いて行くのだと出やすい感じがする。
　　C：観客の方を見ると距離を感じる。
　　D：先が近づいてくる。もっと近づくと周りが見えて安心する。
　　E：緊張してびくびくする。
　　F：みんなを見て，みんなも自分を見て，自分の存在を強く感じしばらくすると安心する。

○感想②

椅子A：隣の人がいて気持ちの変化を感じにくい。
　　B：ちょっと離れた感じがする。
　　C：みんなの表情が見えてほっとする。
　　D：みんなの表情が見えず落ち着かない。
　　E：位置が高くなり落ち着かない気持ちがする。
　　F：気持ちが落ち着いてきて戸惑いが無くなる。少しずつ変わっていくことを楽しめた。

■ 配慮すること

○Dは舞台中段に，Eは舞台上段に椅子を置くと変化体験がより明確になる。

平和の船に乗って

Part Ⅵ-41

■ **目　的**　　平和を志向する出会いの心理劇を展開する。

実施のめやす	★★
時　　　間	15分～30分

■ **基本的手続き**

1. 監督チーム（監督・補助自我2人位）は平和の船の場面を設定し「私たちは平和の船に乗っています。これから皆さんのところにお誘いに出かけます」と参加者を誘う。
2. 監督チームは「どういうお仕事ですか？」「お客様ですか？」などと声をかけ，参加者は自分の役割をはっきりさせて船に乗る。
3. 監督は場面が発展するように働きかけ，全員が場面に位置づくようにする。

■ **効　果**

○ 役割を明確にして参加することで，出会いの状況が創りやすくなる。
○ 次々に場面が展開する集団活動に，自発的に参加することができる。

■ **展開例**

監督チームによって穏やかな海の上を船が進んでいくという状況が設定され，船は観客の参加を誘いながら進んでいく。参加者は船員，乗客，料理人などそれぞれの役割を取り船の中に設定されたレストラン，ホール，展望台等の場所に位置づいて船上での劇が展開する。「船上パーティが始まります」という監督の場面設定で料理人や船員の役割の人たちによって飲み物・食事などが運ばれる。乾杯から食事が始まり，人と人の輪があちこちに出来はじめ，楽士の役割をとった人による演奏も始まる。様々な国籍の人たちが乗り合わせている船らしく，それぞれのお国自慢などもありそれを興味深く聞く人たち。

和やかな雰囲気に突然響く船長の声。「急病人です。こちらで用

意した医師ひとりでは対応できません。皆様の中にお医者さまがいらっしゃると聞きましたが」それに応えて数人が手を挙げ協力したものの緊急搬送が必要ということになる。見送りの役割を取っていた人たちが自発的に陸上にいる人になり，海と陸を無線でつなぎ病人は無事に運ばれ事なきを得て劇は終了する。

■ 配慮すること

○監督チームは参加者の様々なあり方を認め，状況に位置づくようにする。

理論から始める

Part Ⅵ-㊷

■ **目　的**　グループ活動の始まりに基礎理論を学ぶ。

実施のめやす	☆
時　間	☆

基本的手続き

グループ活動の理論的な基盤やグループの歴史，グループの目指すことなどを参加者と共有することから始める。講義形式で行い必要に応じて質疑応答を進める。ここでは，心理劇を導入する場合を提示する。

効　果

○グループ活動の意味や目的などを理解することができ，参加への期待が高まる。

展開例

❶ 心理劇について

①歴　史

創始者は，精神科医モレノ（J. L. Moreno）（1889～1974）である。外林大作により日本に紹介され，1954年には外林・松村康平・石井哲夫らによって心理劇研究会が発足した。1995年には日本心理劇学会が結成され「心理劇とはサイコドラマ，ロール・プレイング，ソシオドラマ，プレイバックシアター等即興劇的手法やアクションメソッドを用いて行う，治療的，教育的集団技法の総称である」として多様な心理劇が展開している。

②基礎理論

● 自発性の理論：自発性はだれでもがそなえているが使い方を知らなかったり，不適切に使われている。心理劇では状況に適合する自発性，また状況に新しさをもたらす自発性を育て，行為する力を養成することが目指されている。

● 創造性の理論：自発性は瞬間的に働くことであり蓄積できないが，創造性へと展開することにより文化的な蓄積を生み出

す。松村康平は「自発性なき創造性は生きながらえることができず，創造性なき自発性は生まれ出ることができない」と，モレノの理論を端的に表現している。
- 役割の理論：人間は多様な役割を通して成長する。役割と自己との関係により，役割取技法・役割演技法・役割創技法がある。行為法としての心理劇は，その理論的基盤を何に置くかにより展開の仕方は異なる。

③ 構成要素には次の5つがある
- 主演者（主役）：課題の提出者。
- 補助自我：主演者の内的世界の一部の役割をとり監督とチームになり心理劇を進展させる。
- 監督：グループのリーダー，セラピスト。
- 観客（グループ）：心理劇の進展を見守り必要に応じて補助自我となる。
- 舞台：心理劇を展開する場。モレノはバルコニー付きの三段舞台を考案している。

❷ 関係学について
《かかわりの原理》
状況にどのように位置づいて関係状況を担っているかを示す原理
①人間は関係的な存在である。人間はなにか「と，かかわり」ながら，存在し生活している。共にかかわりながら生存している，接在共存している。
②人間は，自己とかかわり，人とかかわり，物とかかわりながら生存している。かかわり方のそれぞれ違う，自己と人と物とが，接在共存している。そこに，その状況に人間はかかわりながら生存している。
③人間は関係的存在である。人間の活動は，そこに成立している関係に規定されるが，同時に，その関係のあり方を規定し，その関係を変化させていく。そこには関係につつまれて活動する人間，つつむものを変化させる主体としての人間が，存在する。そこには，関係に参加し，関係の担い手としての関係責任を担いながら，自発的，創造的に活動していく人間が，存在してい

る。また，自己と人や物とのかかわりは心理劇の役割と対応させるとつぎのようにとらえられる。

- ●内在：関係に入りこんでいる。（演者的かかわり方）
- ●内接：関係を内側から担っている。（補助自我的かかわり方）
- ●接在：関係の内と外とを統合的に担っている。（監督的かかわり方）
- ●外接：関係を外側から担っている。（観客的かかわり方）
- ●外在：関係から隔離している。（舞台的かかわり方）

| 内在的かかわり方
(同心的存在の仕方) | 内 接
(同 接) | 接 在
(交 叉) | 外 接
(併 在) | 外 在
(自 立) |

自己とのかかわり方 ←————————→
人とのかかわり方 ←————————→
物とのかかわり方 ←————————→
状況 ←————————————————————→

松村康平（1969）

【参考文献】
関係状況療法研究会㈱　土屋明美(監修)(2000)：関係状況療法　関係学研究所　p4
土屋明美（2001）：アクション・カウンセリング　日本心理劇協会・関係学研究所
関係学会・関係学ハンドブック編集委員会㈱(1994)：関係学ハンドブック　関係学研究所　p132
　　（第113回心理劇夏期研修会（2012年8月25日〜26日）資料より抜粋）

Part Ⅶ

身体を使って動いてみよう

　「動きましょう」と言われても，1人では動きにくいこともありますし，人から見られているようで恥ずかしく，かえって緊張してしまうこともあるかもしれません。また，「動く」というと身体を大きく動かすことを想像するかもしれませんが，目を微妙に動かすことも，小指の先で空気のボールにさっと触れることも「動く」ことに変わりはありません。

　気持ちが緊張している時には，身体も緊張しています。また，緊張をとろうと意識すると，余計緊張してくるものです。緊張を感じながらも他の人に支えられて少しでも動いてみると，身体の動きの変化に誘われて気持ちも少しずつ和らいでくることでしょう。歩く調子に集中してみたり，相手の動きをなぞったりするなかで，身体が軽く自由になってくることでしょう。

　空気のボールは，参加者がお互いを尊重するあり方を共有することで，どこでも・だれとでも・何時でもできる創造的な楽しい活動となります。

㊸　一緒に動いて
　３人で身体を動かしながら相談して動き，また相談しながら動いて，としているうちに次々にアイディアが湧きあがって，新しい動きを生み出すことができます。音楽をかけておこなうと，ミニ創作ダンスのようにもなります。

㊹　動きをなぞる
　リーダーの動きを鏡に映しているかのようになぞります。皆の動きをみる余裕があれば，リーダーは自分の動き方の癖などをそこに観ることもできるでしょう。（ここでは動きの調子を鏡に映す動作，という意味から「なぞる」と表現します。）

㊺　エネルギーを伝える
　自分の「エネルギー」とは何なのだろうか，どのようにして伝えようか，隣の人はどのような思いで受け取ってくれるのか，など参加者は様々な思いを持ちながらいます。リーダーはその時々のグループのねらいなども取り入れた言葉かけをして行いましょう。会合の最後に行うのも楽しいです。

㊻　椅子から立って
　リズムを意識して歩いたり，強調して動いたり，他の人のリズムも感じながら動いたり，など様々な感覚の違いを体験します。関係自由運動は空気中の浮遊物になったようなつもりで，他の人の動きを感じながら動くと，全体状況が変化してくる不思議な体験ができます。

㊼　グループを感じる
　「いま・ここで・私は……」を文章の最初につけて，いま・ここにいる自分の感じを次々に言うことで，自己確立を誘う方法があります。本技法はその行為法版とみなすこともできます。グループへの自分の思いや印象をポーズで表現し，言葉で説明したり，他の人の表現を観たりするなかで，グループにおける自分が次第にはっきりしてきます。

㊽　ペアによるローリング技法
　３組のペアで一つのストーリーをつむぎます。最初のペアが演じるのをよく見て，次のペアは役割を引き継ぎます。前のペアの予想を超える意外な展開にもなり，笑いを誘います。応用形としてペアの役割を設定する進め方もあります。

㊾　空間を歩く
　部屋をどこかに見立てて，これから歩く道筋を予測して紙に描き，次に描いたように実際に歩いてみます。そして歩いた後に再び描く，というやや複雑な手続きをとります。空間・イメージ・軌跡を紙に描く・行為する，というように一次元から三次元にわたる多様な要素の絡み合った体験ができます。

㊿　空気のボール
　私たちがいつも吸っている空気のつまった，どこでも，誰とでも使うことのできる空気のボールです。小指の先でも，そっと一息でも，ベッドや車椅子からでも，投げたり受け取ったりすることができます。自分と人とがつながる楽しさを実感できます。共に育つ状況創りには欠かせない空気のボールです。

Part Ⅶ−43 　一緒に動いて

実施のめやす	★
時　間	15分～30分

■ **目　的**　　身体を動かして感じ方が変わる体験をする。

■ **基本的手続き**

監督は次のように指示する。
1. 「3人で1つのグループになりましょう」
2. 「3人で身体を動かしてみます。いろいろな動きを15通りくらい創ってみましょう」
3. 「各グループで体験を話し合いましょう」

■ **効　果**

○動きながら感じ，感じながら動くことができる。
○3人で行うことで動き方が広がる。

■ **展開例**

➡　手続き2

○方向のある動き－まわる，上に向かう，波のように動く，外に向かって弾ける，中に向かって集まる。
○統一のある動き，段階的に変化する動き。
○背中合わせになる，ねじれる，など。

■ **配慮すること**

○参加者の身体状況に配慮する。

動きをなぞる   Part Ⅶ-㊸

■ **目 的**　リーダーの動きをなぞることで動きやすくなる。

実施のめやす	★
時　間	15分以内

■ **基本的手続き**

1. 参加者は丸く座る。
2. 監督はリーダーを1人選び，以下のように指示する。
   ① 「ちょっと動いてみましょう。朝起きた時の様子とか，自分の好きなスポーツなど簡単な動きを思い浮かべて動いてください」
   ② 「みなさん立ってリーダーの動きをなぞりましょう」
3. 監督は時間を区切り（1人1分以内），リーダーを交代する。
4. 全員が順に行う。

■ **効　果**

○いろいろな動きを体験できる。
○リーダーになることで参加の意欲が高まる。

■ **展開例**

○顔を洗い，歯を磨く。
○電車に乗り，つり革につかまって揺られる。
○テニスのラケットを振る。
○凝った肩をたたく。

■ **配慮すること**

○参加者の身体的状況に配慮する。
○小休止の後などにも活用できる。

■ **応　用**

○動きを大きくなぞる，小さくなぞる，誇張してなぞる等も設定できる。

Part Ⅶ－㊺　エネルギーを伝える

実施のめやす	★
時　間	15分以内

■ 目　的
働きかけられた動きを伝え，人とつながる体験をする。

■ 基本的手続き

1. 参加者は立って円をつくり，手をつなぐ。
2. 監督は動き始める人を決める
3. 最初の人は片方の手で隣の人に自分のエネルギーを伝える。
4. エネルギーを受けた人は隣の人に伝え，次々に伝えていく。
5. 最初の人に戻ったら合図をする。
6. 順に全員が動き始める人になって終える。
7. 感想を言う。

■ 効　果
○移調可能な関係性が転動することにより集団の凝集性が感じられる。
○エネルギーの伝え方の多様性を共有できる。

■ 展開例
➡　手続き7
○信頼感があって伝えられる。
○エネルギーを受けるとうれしい。隣が受け止めてくれてうれしい。
○エネルギーを伝えることが個人から始まり，全体に伝わることで大きなものに感じる。
○目に見えないエネルギーが送られるプロセスが感じられる。

■ 配慮すること
○輪になり手をつなぐ前に身体的な接触が負担でないかを確認する。
○手をつながずにそっと触れたり，しぐさで伝えることもできる。

椅子から立って

Part Ⅶ-㊻

■ 目　的　位置・リズムによる変化体験と関係自由運動を体験する。	実施のめやす ★★ 時　間　15分〜30分

■ 基本的手続き

❶　参加者は丸く座る。

〈監督は❷❸❹の手続きごとに感想を聞く。〉

❷　立つ位置による変化体験をする。

①みんな同時に椅子の後に立つ。

②椅子の横に立つ。

③一歩中に入り輪の中を歩く。

❸　リズムを感じ，変えて歩く。

監督は以下のように指示する。

①「自分のリズムを感じながら自由に歩きましょう」

②「自分のリズムを強調して歩きましょう」

③「他の人がどういうリズムで動いているか感じながら歩きましょう」

④「リズムを変えて少し早く歩きましょう」

⑤「ゆっくりと自分の席にもどりましょう」

❹　関係自由運動を体験する。

監督は以下のように指示する。

①「1人が歩き始め，そこに2人目が加わって歩くというように，次々に加わり，空間を自由に動く体験をしましょう」

②「全員が歩いていると気づいたらゆっくり自分の席に戻りましょう」

③「全員が席に着いたと気づいた人からまた歩き始めましょう」

④上記の手続き②③を2〜3回繰り返す。

■ 効　果

○位置やリズムを活用して状況の変化を体験する。

○個人の動きが集団に影響し，集団を感じながら個人が動く体験を

相互に繰り返す。

展開例

➡ 手続き❷

○椅子の後ろに立った時，全体が，私達の舞台がはっきり見えてきた。

➡ 手続き❸

○最初はゆっくり動き演者として楽しく，人との調和を乱さないように，2つ目は楽しく，3つ目はゆったりと穏やかに集団の中にひっそりといるようなあり方をした。

➡ 手続き❹

○中に入っていく時には補助自我的に，他の人の動きを広げるような，線がみえて，線の動きに入って，後ろに付いて動きました。

グループを感じる

Part Ⅶ－47

■ 目　的　　状況体験を身体で表現し，言語化する。

実施のめやす	★★
時　　間	30分以上

基本的手続き

1. 参加者は丸く座る。
2. 監督は次のように指示する。
   ① 「室内を自由に歩いてみましょう」（1～2分）
   ② 「今ここにいてこの集団をどのように感じているか，身体を使って表してみましょう」
   （全員で同時にポーズをとる）
3. 監督は全体を二つのグループＡ，Ｂに分け，「Ａの人たちは各自でポーズを取ってください。Ｂの人たちはそのポーズが何を表しているか1対1でインタビューしてください」と指示する。
4. ＡとＢが交代して手続き3を行う。
5. ＡとＢは再びひとつのグループになり，全員で「今，ここにいて集団をどのように感じているか」言葉を添えてポーズをとる。（全員で同時に行なう）
6. 次にひとりずつ順に行ない，皆でその動きをなぞる。
7. 感想を言う。

効　果

○集団をどのように感じているかを明らかにしていくことが，自分の安定や参加意欲の高まりにつながる。

展開例

➡　手続き3 4

○なんとなくという感じです。
○何か目的があって集まっているという感じです。
○つながりという感じです。一人ひとりつながりがあるなという感じです。

➡ 手続き7
○はじめは曖昧な感じで始めて,動きが定まらない。インタビューで尋ねられることで一緒に作っていく。重ねて,してみて,他の人にインタビューして,他の人のポーズをしてみて,というように段階を追うごとに意味が創られていくことに驚いた。
○私の感じで動いていたが,皆の動きを見ているとどういう感じでも良いのだ。あれも良いしこれも良い,ということを感じた。ポーズをことばで聞くと安心する。

ペアによるローリング技法

Part Ⅶ—48

実施のめやす	★★
時　　間	15分～30分

■ 目　的　　役割のローリングによる場面転換を楽しむ。

■ 基本的手続き

1. 参加者は丸く座る。
2. 監督は「2人1組になり役割と場面をきめましょう。たとえば学校から家に帰るときの場面など」と指示する。
3. 監督の指示により1組目Aが演じる。
4. 次のペアBは，ペアAが演じた最後の部分を重ねて演じ，展開する。
5. 次のペアCは，ペアBが演じた最後の部分を重ねて演じ，展開して終える。
6. 同様にして3組ごとに1つのストーリーを創る。

■ 効　果

○ペアであることで構えずに役割を担うことができる。
○人の動きを重ねて演じることで変化の手がかりを見出すことができる。

■ 展開例

➡　手続き3～5

〈もちつき〉

　ペアA：おもちを作りましょう。用意したもち米が蒸しあがったので臼に運びます。⇨ペアB：もち米を臼に運びましょう。さあ，気をつけておもちをついてね。はい，ペッタン，ペッタン。⇨ペアC：ペッタン，ペッタン。お餅ができた。いただきましょう。

〈火事の場面〉

　ペアA：大変だ。あそこの小屋から煙が出ている。急いで行ってみよう。⇨ペアB：急いで行ってみよう。枯れ草が燃えている。早く消さなくては。水を持ってこなくては。あそこに川がある。⇨ペアC：あそこに川がある。さあ，急いで水を運んで。火は消えた。良かったね。

Part Ⅶ—49 空間を歩く

実施のめやす	★★
時　　　間	30分以上

■ 目　的
空間にイメージとアクションを重ねて情景を創る。

■ 基本的手続き
1 参加者は丸く座る。
2 監督は紙（A4サイズ）とクレヨンを配り，次のように指示をする。
　①「これからこの部屋を歩きます。ここをどこかの場所と設定してください」
　②「どのように歩きたいか，歩きたい道すじを紙に線で描いてください」
　③「情景をイメージして予測した道すじをモノローグしながら歩いてみましょう」（紙は置いてひとりずつ順に歩く）
　④「今，歩いた道すじを違う色のクレヨンで描きましょう」
4 感想を言う。

■ 効　果
○行為の軌跡・情景を予測して歩くことにより，二次元から三次元への状況体験を可能にする。
○予測を超えた変化体験が，絵として表現される。

■ 展開例
➡　手続2—③
○棚田にゆっくり登って田植えをして……。
○日本有数のパワースポットへ……。
○だれも歩いていない雪野原を……。

コラム　空間を歩く

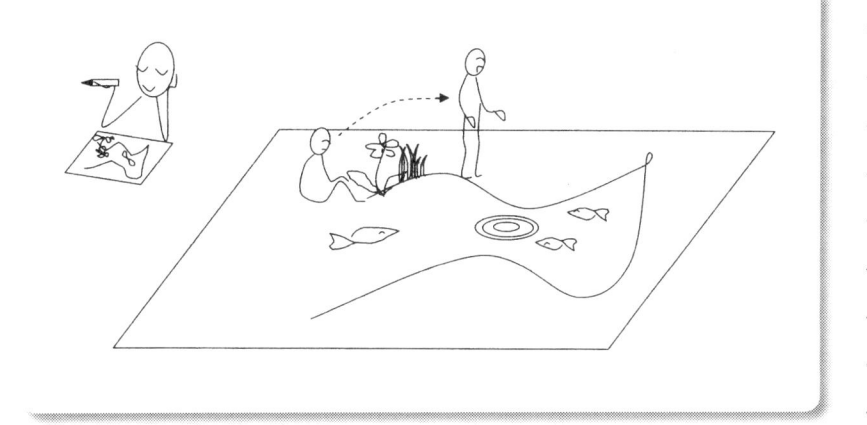

　私は，6月頃の稲を植え終わったばかりの田んぼのあぜ道を歩くことをイメージして紙にくねくねと歩く道筋を描きました。順番がやって来て，最初はあぜ道から横にそれないように，また紙に描いたようにしようと下を向いて歩いていましたが，次第に歩くことに慣れたのか，最初に描いた道筋から離れて自由に歩いていました。そして稲がさわさわと風になびいている風景やまわりの山並みも見えてきて，肌に心地よい風も吹いてくるような不思議な体験をしました。終えてから描いた絵にはまわりの風景や田んぼの様子も描かれて最初の絵とはずいぶん変わっていました。

（土屋明美）

Part VII—50 空気のボール

実施のめやす	★
時　間	15分以内

■ **目　的**　今・ここにいる・誰もが参加できる状況を創る。

基本的手続き

監督は次のように指示する。

1. 「ここに空気のボールがあります。このくらいの大きさ(両手で大きさを決める)のボールです」
2. 「これを投げます。受けとってください」(参加者に向けてボールを投げる)「はい，投げ返してください」
3. 「皆で空気のボールをやりとりしましょう」
4. この空気のボールは小さくも大きくもなります。軽くも重くも，伸ばすことも縮むことも，形を変えるなど，どのようにも変化します」(と言い，ボールを投げる)
5. 参加者全員で声を掛け合いながら行う。
6. 感想を言う。

効　果

○共有する空気を基盤にして，共にふるまうのに有効である。
○空気のボールは様々に変化し，誰でも参加できる状況が生まれる。

展開例

➡　手続き5

「あ，ボールが来た。(受け取る)」「はい，(ボールを投げる)」「あ，重い。はい(投げる)」「こんな大きなボール！」「1人では持てない。(近くの人が一緒に支える)」「大きなボール！中に入ってみよう」「中は面白い！(中でトランポリンのように跳ねる)」など

➡　手続き6

・動く楽しさを味わった　・遊べる楽しさがあった　・気持ちがいっしょになると楽しい　・皆表情がいきいきしていた　・もの

を共有する楽しさが
あった　・ボールに
誘われて動いた　・
実際にやっているよ
うな感覚があった。

コラム　空気の技法を育てよう

　空気の技法を育てよう。空気のボールで遊ぼう。自分のもののように（占有）してほかの人と分けあって（分有して）誰ともいっしょに（共有して）他の人とならんで（併有して）自分の仕方でそれぞれに（個有して）空気のボールとならば，それができる。いつでも，どこでも，誰とでも。バレーボールをしよう。躍動するボールが，不思議とよく見えてくる。（松村康平）
（「体育の科学」VOL.40 1990『関係学ハンドブック』関係学研究所　1994　p.85　p.259）

コラム　つながる媒体

　空気のボールはつながる媒体。それを捉えて補助自我的動きができる人が必要。「つながる」がメインなのでハッと思った時に動いてよい。空気のバレーボールは審判の人が監督的役割。空気のボールは増えてもいい。誰にでもできる自由な世界をつくることが大切。誰にとっても空気は一緒に存在する事を活かして行われている。大縄跳びやバレーボールなどにも活用できる。　　　　　　　　　　（土屋明美）

実践例

「子どもとの関係で困難を感じる母親たち」との心理劇

　ここで紹介する実践事例は，「子どもとの関係で困難を感じる母親たち」を支援するために行われた心理劇に手がかりを得て記述してあります。子どもとの関係で適切な対応ができないと悩んでいる母親たちは自分の責任を感じ，自信をなくしていました。子どもとの関係を良くしていきたいと願ってグループに参加している母親たちにとって，自分をかけがえのない存在であると感じること，自分が自分の人生の主人公と感じ，ふるまうことが必要と考えられました。様々な内容で展開した心理劇から2つの事例を紹介します。グループの人数は5～8人で行われ，監督・補助自我の他に記録者が参加しています。

【事例 ❶】

「ペアになって始める」技法を用いて活動が始まり,「役割を変えて」の技法が展開した事例を紹介します。

《技法 No.12　ペアになって始める》

　参加者はペアになり向かい合わせに座ります。監督の働きかけで「先週から今日までどんな感じで過ごしていたか」を交代して話します。(1人,3分くらい)次に各ペアは自分が受け取った範囲で相手が話したことを順に全員に伝えます。監督は「自分のことが話されて感じたことを,また補足したいことを全員に話してください」と指示し,参加者は順に話します。

　　例えば：AさんがBさんの話を聞いて……
　　　　「最初,頭痛がひどくて病院に行きました。痛み止めをもらい,今は落ち着いていますがおなかの調子が悪くなり,本調子ではありません」
　　　BさんはAさんが自分のことを話してくださるのを聞いて……
　　　　「まとめてくださると,ずいぶん体調が悪かったことに自分で気づきました。今良くなったと思います」

《技法 No.27　役割を交換して》

　監　督：今度は自分が話をしたい人を一人決めてください。二人で向かい合い,話をしたい相手はどういう人かを伝えてください。(5分間)
　　　　　次に,相手にその人の役割を取ってもらい,やり取りをしましょう。
　Aさん：話をしたいのは私の子どもです。遊び場に大きなアンパンマンのぬいぐるみがあり,子どもはそれで遊びたいのになかなか遊べません。

●役　割

Ａさん：話題提供者，母親の役割

Ｂさん：Ａさんの子どもの役割

（監督は遊びの場面が展開しやすいように，グループから子どもになってくれる人を募り，Ｃさんが他の子どもの役割を取る）

●展　開

他の子(C)：ここにアンパンマンがあるよ〜。
　　　　　大きいなぁ，かわいいねぇ。

子　(B)：（もじもじ，ちらちらおもちゃを見るが近づけない）
　　　　　ママ〜！

母　(A)：遊びたかったら周りの子に「貸して」と言ってみて。

子　(B)：ちょっと貸して〜。
　　　　　（小さな声で言うが相手には聞こえない）

母　(A)：大きな声でもう１回言ってごらん。

子　(B)：ちょっと貸して〜。

他の子(C)：僕が遊んでいるの。ちょっと待ってね。

子　(A)：ママ〜（心細い様子で母親に近寄ってくる）

　　　　──役割を変えて──

監　督：役割を交換しましょう。最後の方のやり取りから始めてください。
　　Ａさんが子どもの役割，Ｂさんは母親の役割になる。

子　(A)：ちょっと貸して〜。

他の子(C)：僕が遊んでいるの。ちょっと待ってね。

子　(A)：ママ〜（と，母親を見る）

母　(B)：もう一度ママと一緒にお願いしましょうか？

母と子が一緒に：一緒に遊ぼう。アンパンマンも一緒に鬼ごっこしよう。

他の子(C)：面白そうだね。いいよ，一緒に遊ぼう。

　（この後，再び役割を変えて最初の役割で演じて区切りとしました。）

●Aさんの感想

　アンパンマンのぬいぐるみで遊びたくても子供がもじもじしているので親としてはいらいらしていました。でも，子どもになってみると他の子に声をかけるのは，とても勇気がいると思いました。私が子どもの役割をとっている時に，お母さんが一緒にお願いに行ってくれたので安心で，うれしい感じがしました。

●まとめ

　このグループの参加者は子育てがうまくいかない，子どもと向き合うことがつらい，子どもの気持ちがつかめない，などの課題を抱えていました。そして子とどもの関係以外でも家族や地域の人と良い関係が築けない，緊張してしまうなどで悩んでいる参加者もいました。

　ペアになって始める技法では相手の話をまとめて全体に伝えます。全員に向けて一人で話すよりはペアの方が話しやすく，話し手への関心が高まります。

　グループ活動を始めるときに，参加者が安心して活動をはじめる状況を工夫することが大切です。自由に感じ，ふるまい，自発性を発揮することのできる舞台が用意されたといえます。感想をのべることにより体験したことを第三者と共有することができ，「今・ここで」の新しさを実感することができます。

　〈役割を変えて〉では自分が「母親」という役割をとって演じること，そして次には役割を交換して子どもの役割を演じることで子どもの立場の理解が進みました。子どものことを考えることと，実際にかかわることのずれに気づき，見え方や感じ方が変わる体験をすることができます。

【事例　❷】

　「魔法の店」から始まった活動を紹介します。監督は「魔法の店にあなたの欲しい力があります。力をもらうかわりに自分の何かを置いていってください」と指示し，参加者はひとりずつ客になり，店に行きます。ここでは補助自我が店員になり，客の求める力の強さや大きさなどを聞き，客の求める力と置いていくものが見合うようにやりと

りします。

《技法 No.33　私の欲しい力 － 魔法の店　Power》

　　客　　：こんにちは。
　　店　員：こんにちは。
　　客　　：私は気持ちが軽くなるような，浮力のつくようなエネルギーが欲しいのです。
　　店　員：分かりました。交換するものは何をお持ちですか？
　　客　　：ふわふわ浮こうとしても足かせのように引っ張る不安があります。不安は全部差し上げます。
　　店　員：その不安はどのくらいありますか？
　　客　　：大変大きな不安です。
　　店　員：浮力のつく，浮き上がるようなエネルギーをご希望ですね。
　　客　　：はい。
　　店　員：ここにマントと絨毯があります。こちらは羽織ると浮きますし，これは乗ると浮きます。どちらにしますか？
　　客　　：どっちもいいな〜，本当に。では絨毯をください。
　　店　員：ありがとうございます。

★心理劇への展開①
　　監　督：今買ったものを使ってみましょう。Ｄさんは浮き上がるようなエネルギーを買いました。浮き上がるということで何をイメージしますか？
　　Ｄさん：最近，私は幸せな気持ちになるときは蝶になった気分がします。風が吹くと飛んでいく感じです。
　　監　督：そのイメージで演じましょう。風と蝶と，ほかに何がありますか？
　　Ｄさん：青い空とお花と。
　　監　督：はい。ではＤさんはその中で何になりますか？
　　Ｄさん：私は虹色の蝶になります。
　　監　督：虹色のスペシャルな蝶ですね。〈笑〉
　　　　　　他の方は何の役割がいいですか？

　　○　　　：風になります。

○お花に。

○青い空に浮かぶ雲になります，

などと，Dさんのイメージから思い浮かべるそれぞれ好きな景色を表現します。

★心理劇への展開②

蝶　(D)：風さん，南の島へ連れてって（蝶は風に乗り飛び回る）雲さんこれからどこ行くの？

雲　　：風に任せていきますよ。

蝶　(D)：連れていって。気持ちいいな。ここに虫さんがいる。虫さん，サヨナラ。（蝶は花に止まり蜜を吸う）なんておいしいのかしら！

虫　　：心地よい風が吹いてきてタンポポが飛んで行く。僕も一緒に飛んで行こう。

蝶　(D)：風に誘われて，ヒマラヤまで来てしまった。

（蝶は世界のあちこちに出かけて様々なことに出会います）

監　督：蝶さん，そろそろ日本の好きな所に帰ってきてください。

蝶　(D)：私のおうちに帰りました。

監　督：あ〜よかった。

●感　想

○いろんな花になりました。風に吹かれ，綺麗な風景を見て楽しかった。

○会話をするのがとても楽しかった。

○虫は風を意識しないで動いているようだけれど，ふわふわしているのを見ると，うらやましい気持がした。途中からタンポポと一緒で嬉しかった。

○風の様子に気をつけながら動いた。それでも自由に出来た。

D：（蝶になって）とても気持ちよかった。お花さんのところでおいしい蜜を飲んだ。もっといろいろなかかわりもしたかった。楽しかった。

●まとめ

このグループでは母親支援のプログラムとして，語る活動（バーバ

ルセッション）とふるまいながら気づく活動（アクションセッション）を組み合わせて行われています。

「母親とはこうあるべき」という考え方に縛られ，できない自分を駄目な親ととらえ，その結果，自分を責めたり，怒りにとらわれたりする母親にとってアクションはどのような意味を持つでしょうか？

状況において自分がいろいろなことを感じること，感じることを表現できること，表現したことが他者により受け入れられることなどは子どもの育ちに重要な役割を担う母親にとって大切なことと言えます。「自分である感じ」「自分らしさ」「今の自分でいい感じ」を見いだすことが重要です。

魔法の店の目的は「自分の感じ方に気づいて変える手がかりを見つける。」ことです。セッションを終えて監督はつぎのように述べています。

「自由な感じですね。時々こういう感覚を体験できるといいかもしれません。日常生活でガチッとなったり，抜け出せなくなったりするときに。また，人間関係が大変でも居続けなければならない感じのときとか，関係が変わらないと思えるときにこの感覚をちょっと思い出すといいかもしれません。自分の欲しい力をイメージすることで自分の感情に気付き，言葉で表現します。また，得た力を活かして演じてみることで自分自身や人との関係を変えていく手がかりをえることができるでしょう。」

心理劇を活用するグループ活動では自分と人とものとのかかわりの可能性を広げることができます。現実の厳しさに規定されずに創造的想像を使い，様々なかかわりの可能性を広げることができます。

（水流恵子）

武藤安子・信田さよ子・春原由紀・土屋明美（2002, 2003）は「母親たちをエンパワーするための研究グループ」（通称 MERC）を作り 2001 年度より 2003 年度にわたり，厚生科学研究（「被虐待児童の保護者へのお指導法の開発に関する研究」）の一環として「虐待に対する援助のフォーマット作成に関する研究」を行った。

ここで述べた事例は原宿カウンセリングセンターにおける 2003 年度の MERC における心理劇（監督・補助自我チーム　土屋明美　水流恵子）を参考にしている。

第3章 理論編 心理劇と関係学

1 行為法としての心理劇

心理劇は「劇」というようにドラマ的な要素を基盤とするグループ療法であり，次のように劇的な言い回し，用語の用い方をします。

心理劇は，主演者・補助自我・監督・観客・舞台から構成されています。

まず心理劇の5つの構成要素について概説をし，次にグループの導入位相に心理劇技法を適用する際の理論的な基礎を提示します。

❶ 心理劇の5つの構成要素

① 演者の働き

演者とは解決したい問題を提示する個人（主演者），或いはグループを指します。「課題提起者」としての役割を担い，監督や補助自我の助けを受けて協働して課題を展開するように働き，自発性・創造性が発動し新たな気づきや関わり方が獲得されることを期待されています。

② 補助自我の働き

補助自我の機能的な働きには次の5つがあります。

① **主演者に即してかかわる**……主演者の行為・感情表現を助け，言外の感情を言語化したり，新たな可能性の広がりを提示する。主演者を肯定的に支持する。

② **監督による方向性に即してかかわる**……監督の方向性を感知して主演者に関わり，主演者が可能性を広げたり，深めたりするように働く。

③ **主演者と監督をつなげる**……心理的・身体的に主演者の近く

に位置し，ふるまいを通して主演者の状態を監督に伝える。媒介者・通訳者の役割を担い監督と主演者をつなぐ機能をもつ。主演者を支えつつ先を見通すかかわりが要求される。

④ **関係状況の補助自我**……グループにおいては関係状況の発展を洞察してかかわり，危機状況に対処する。場面が停滞したり，繰り返しになっている場合には関係促進的なかかわりをする。また，社会規範の体現者として働く。

⑤ **シンボルとして働く**……抽象化した表現や物の表演により視覚化する。

主演者を個人とする場合には機能的役割の内，主に①②③として働き，主演者がグループである場合には，主に④⑤として働きます。なお，特定の個人に即するのではなく状況発展的にふるまう場合は「補助者」と表します。

③ 監督の働き

心理劇ではグループのリーダーを監督と表し，主に次の機能を担います。

A：アクションカウンセラーとして

　主演者からの課題提起を受けて，主演者の自己理解を深め，課題解決の糸口を見出すように働く。

　特徴的なかかわり方：個人に即するかかわり方。主演者にとっての「いま・ここで」の体験に即しながら，先を見通して場面設定する。

G：グループリーダーとして

　集団状況に成立している課題解決への手がかり，視点の変換などを見出すように働く。グループ活動としての心理劇における個と集団の相即的発展を志向して働く。

　特徴的なかかわり方：関係系に関わるかかわり方。集団と集団の関係，集団内関係の変化などを場面設定する。

D：ドラマティックプロモーターとして

　心理劇特有の技法を適用することで現実規定性を超え，参加者が「今・ここで・新しく」関係体験を重ねて自発性の発動するように働く。

特徴的なかかわり方：グループ活動の構造化を予測して，時間と空間を自在に活用して課題の場面化を重ねる。

　監督は，これらA機能，G機能，D機能を状況に応じて取りながら，統合的にリーダーとしての機能を担います。

④　観客の働き

　観客（グループメンバー）の働きには次の３つがあります。

　① **演者を見守る**……観客が一般的な他者として共に居続けることは，安全な関係を保証することにつながる。

　② **観客役割を維持する**……観客は観客で在り続けて，劇で行われていることを観て・感じ取りながら自らの体験と重ねて感じ・考えることができる。

　③ **支援者として**……監督や演者の求めに応じて補助自我的役割を取る。

⑤　舞台の働き

　心理劇の創始者モレノは，３段の舞台とバルコニーのついた心理劇場を作りました。日本国内では舞台そのものも限られており，殆どの場合，ある空間を「ここを舞台」と領域を区切って行います。舞台を設定するのは心理劇の特徴であり，舞台の機能として次の３点を挙げることができます。

　① **舞台の機能**

　❶**目標としての機能**……舞台は，演者自らが求めて新しさの体験を成立させる場であり，舞台に上がることは（或いはグループが創造する舞台的状況）は自発性始動の礎となります。舞台は観客からみられる場であり，観客に向けて自己を表現する場にもなります。

　❷**固有の意味を付与する場としての機能**……参加者は五感を総動員させて自分にとっての舞台を設定し，余剰現実を展開させます。

　❸**日常・非日常などの異次元が共時的に展開する場としての機能**
　　……舞台の段差・高低や広さなどは人間関係の在り方や空間の

意味，時間の超越性を具体化して，日常を超えることに有効に働きます。舞台は日常・非日常の交差する場として働きます。

② 3段舞台の意味

舞台には段差があります。段差により演者と観客，現実と非現実などを区分します。また1段目の舞台，その上の2段目の舞台というように同心円的に3つの舞台が垂直に上がり，その上にバルコニーを設置する場合もあります。段差は関係体験の落差を視覚化することに有効に働きます。

❶**役割体験を深めるための機能**……人間関係は社会地位的役割に規定されることも多々あります。例えば，社長と社員の関係において，社長が上に立ち常に社員に指示命令を下してる場合，いわゆる上から目線でのかかわりとなることは容易に想像できることでしょう。舞台に当てはめると，社長が上段，部下が下段に位置してかかわることになります。このような場合に社長が下の段，社員が上段に立ちやり取りをすすめると，おそらく今までとは異なった感じをもつことができるでしょう。このように，役割が社会的であり簡単には変わらないような場合に，物理的な勾配関係に変化をもたらせることで，人としての気づきを誘うことが容易となります。同様に，母親と子どもの会話を母が下段，子どもが上段になってすすめる，などに応用できます。

❷**場面設定に活用するための機能**……3つの場面や時間を同時進行したり，往復する場合に用います。

　例：過去・現在・未来を設定する，家の外・玄関・家の中，川・川にかかる橋・向こう岸，など。

これら全てを包含する状況として舞台は実在しています。当然のことながらグループの目的によりどの機能を強調して使うかは異なります。（次の写真は，共立女子大学家政学部児童学科保育実習室の心理劇舞台　武藤安子教授考案による。撮影2007年4月14日）

6　上述した5つの役割の担い方の特徴を関係構造図に表すと下図3－1のようになります。

主演者は，グループ内で守られながら自分に成立している様々なテーマを表出して発展の手がかりを見出すようにサポートされます(a)。補助（自我）者は，主演者の近くにいて，また場面状況の進展にも即しながら監督と協働してかかわります(b)。監督は，主演者のテーマの深まりや広がりが促されるように，主演者と補助自我に可能性を提示しながら主演者による場面展開を促します(c)。観客は，進展している状況を見守り，監督の求めに応じて必要な役割を担い，場面終結後に体験を共有します(d)。心理劇の行われる舞台は物として人を守り，また想像的な空間を設定することにより人々の自発性や創造性の発揮を助けます。これら5つの役割が十分に機能することにより心理劇状況(e)が成立します。

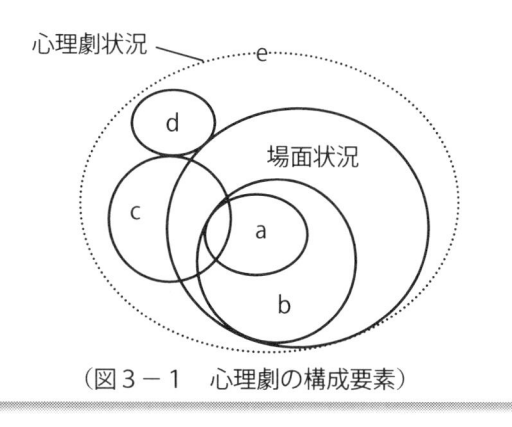

（図3－1　心理劇の構成要素）

2　導入位相における5つの役割の機能

　本書で紹介した行為法では主としてリーダーとメンバーの2つの役割が機能しますが，5つの役割機能と対応させると次のように表すことができます。

① **主演者の働き**……参加者全員が演者です。
　グループ活動の導入時期に，参加者（以下"メンバー"）はグループ内に自分の居場所を見出すことや他のメンバーへの関心，リーダーの言動などに関心が向かいがちになります。グループに参加して，何処まで何を表すかの判断に迷いがちになります。したがって導入の時期は，メンバー全員が主演者であるとみなして，無理なくゆっくりとグループプロセスを体験できるように進めます。行為法では身体を使って動くことが多く，初めは緊張や不安もあり，日常生活で何気なくしている動きもぎこちなくなるかもしれませんが，グループに参加した時から可能性は開いています。

② **補助（自我）者の働き**……チームによる運営に働きます。
　グループ運営を複数で担当する場合は，一人が補助者としてメンバーに近い立場から上述したように主演者と監督をつなげたり，関係状況の補助自我として働きます。メンバーがどのようにしたらよいのか戸惑っていたり，孤立しているように感じているような場合には個人に即してかかわり，グループとのつながりをサポートします。自由にふるまう楽しさを自らもメンバーに表現します。

③ **監督（リーダー）の働き**……柔軟性をもってグループに臨みます。
　監督は適用する導入技法の目的と効果を理解してグループに方向性を指示します。グループはメンバーと協働して多様に展開する可能性をもつ生きているグループであり，二つとして同じ展開過程を経ることはありません。メンバーのグループへの関与の様子を観察しながら，いま・ここでのグループ過程に適した技法展開をすることが常に求められ，関係責任を担っています。基本的手続き通りに展開するというよりは，応用の連続であるということもできます。メンバーに近い立場にいる補助自我者とのチームを効果的に活用します。

④ **観客の働き**……観ている時と演じる時の違いを体験します。
　グループの始まりには全員が動きますから観客役割を固定して取ることは殆どありません。メンバー同士が「満点から」始めてお互いの良さを共有します。メンバーが順番に演じるような場合には，観客で

観ている時と実際に演じる時の違いが鮮明に体験されることでしょう。

⑤ **舞台の働き**……物理的な段差や領域を活用します。

室内に教壇のように少しでも段差がある場合は，それを活かして活動することも効果的です。物理的な勾配を活用したり，室内の領域を区分して「ここが舞台」と領域設定をします。グループ活動を行う室内全体を舞台として外部とは区切ってグループに集中できるように部屋を整えることも大切です。

2 関係学について

本書の理論的な基礎は関係学にあります。ここでは前半で関係学を概観し，後半で実践活動への関係学的な認識について概説します。

❶ 関係学の基礎

関係学の創始者・松村康平（1917 ～ 2003）は「人間は関係的存在である」として関係学を次のように定義しています。「関係学は，関係弁証法を基礎理論とし，その理論即技法即実践活動の発展および発展をもたらす諸技法の開発とともに構築されつつある科学体系である。現状況におけるその理論科学としての特色は『かかわり』（関係）構造の研究をすすめて，人間の根源的な自己・人・物の接在共存関係状況を解明し，その状況の顕在化の過程において，複雑な人間現象をとらえ，関係発展の実践活動を促進する理論的枠組みを提供しているところにある。」（松村康平「人間発達に関する関係学的考察」『人間文化研究』第1号　お茶の水女子大学人間文化研究科　1978）

実践科学としての関係学では，「何か『との』関係」がどのように機能し，どのように変化発展しているかに着目します。人間は誰でも，どこでも，いつでも「何か～との関係」を担っています。関係学で用いる関係概念は，相対的に関係があるとか，ないと表現されるのとは異なり関係の機能と構造を課題とします。関係の構成要素として「自

己」「人」「もの」をあげて「自己との関係」「人との関係」「ものとの関係」のそれぞれの特色を定義します。また，現実的な関係について，例えば，あなたと私の関係，心と身体の関係，学校と家庭の関係，集団と個人の関係，などを挙げた場合に，その関係構造はどのように説明可能であるかに関して「かかわり方の科学」（⇨かかわりの原理参照）を提唱しています。

●かかわりの原理

関係状況にどのようにかかわっているかを示す原理であり，関係構造を明確にします。

- ○内在　関係に入り込む……心理劇の役割に対応させると，演者的かかわり方に対応する。
- ○内接　関係を内側から担う……補助自我的かかわり方に対応する。状況に即する。
- ○接在　関係の内と外を統合的に担う……監督的かかわり方に対応する。状況に即しながら先への見通しを成立させる。
- ○外接　関係を外側から担う……観客的かかわり方。状況を観察する。
- ○外在　関係から隔離している……舞台的かかわり方。状況から離れる。

人間は生まれてから死ぬまで，或いは死んだ後も何か「との関係」で生存している存在でありとし「自己・人・物の接在共存関係状況の顕在化」を志向して諸活動は展開しています。接在共存状況を志向しつつ，「いま・ここでは」どのような関係構造を担っているかに関しての研究は「関係構造論」として発展し，また「自己」に関する理論は「自己構造論」として展開しています。（それぞれの詳細については参考文献をあげます）

2　関係的認識について

①　三者関係の成立

二者の「関係系」に第三者が関わることを表します。ここでいう"関係系"とは二者の関係について第三者が認識し・感じとる関係を指しています。

例えば，父子が居間で話をしている場面に母が帰宅して2人の様子を見て楽しそうに会話していると感じたり，何があったのだろうなどと感じ，母親が父子がかもし出している二者関係に関わるような場合を指して「関係に関わる」と表します（図3－2）。母は父子の関係系にかかわると共に父にも，子にもそれぞれ関わり二者関係を重ねて父母子の三者関係を展開させます。同様に，父も母子の関係系にかかわり，子も父母の関係系にかかわりというようにして，三者関係が展開していきます（図3－3）。父子の関係にはお構いなく（関係系には気がつかずに）母親が子どもだけに「宿題終えたの？」などと，関わる場合は父を除外しての母と子の二者関係を創ることになり，関係にかかわるとはみなされません（図3－4）。二者関係と三者関係

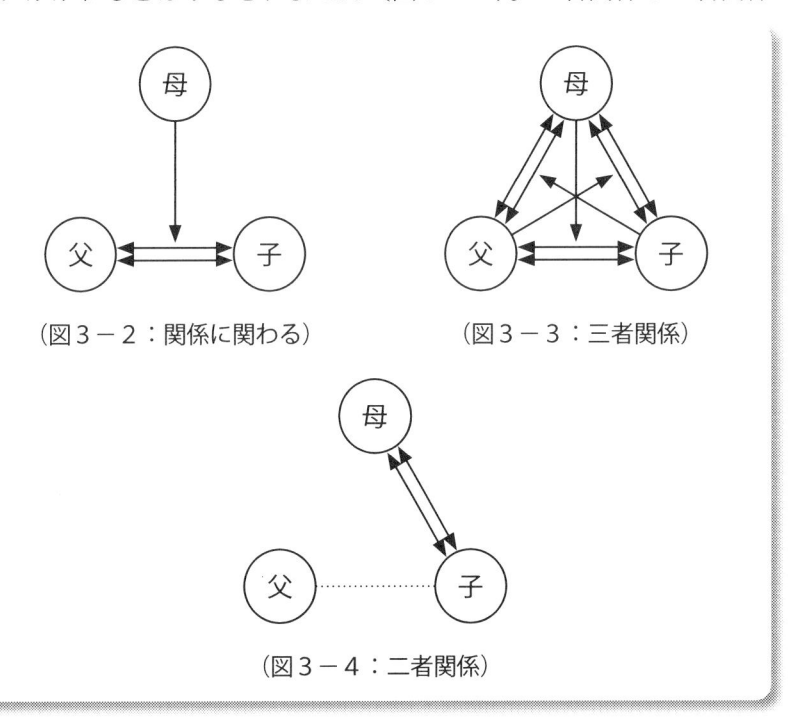

（図3－2：関係に関わる）　（図3－3：三者関係）

（図3－4：二者関係）

の相違は，この「関係にかかわる」機能が展開するか否かの違いとなります。

② **関係発展評価法**

「満点から始めよう」を実際に応用する際の評価法として開発されたものです。

人間の変化・発展をとらえる際に「何を手がかりとして，何との関係」において変化・発展したかについての認識を成立させて，次の発展に

p.13 参照

役立てることが意図されています。何かを感じた場合に，漠然と「感じた」で終わりにせずに，何との活動があってそのように感じたかを意識化する評価法です。関係的存在としての人は，常に何かとかかわりながら生きている，その何かを「自己」「人」「物」「集団」として，変化をとらえる手がかりとして各15項目が掲げられています。

　評価に際しては段階的評価を行い，気づいたことをすべて大切にして意識を確立することが目指されています。
　　○第1段階　あなたの気持ちにあてはまると思う項目のすべてに○をつけて下さい。
　　○第2段階　○をつけた中で，特によくあてはまると思う項目に3つ◎を付けて下さい。
　　○第3段階　◎をつけたなかで，最もよくあてはまると思う項目の1つに三重○をつけて下さい。

③　体験内容に関するの3つの認識のしかた

　グループ体験はメンバーとのかかわりにおいて自分自身に成立することであり，「感想」を述べてそれぞれにとってのグループ体験を共有します。メンバーの体験を聞きながら，自分と良く似た体験をしているメンバーがいたり，想像もしていないような体験をしているメンバーもいることがわかります。どのメンバーの感想もかけがえのない体験内容であり，良い悪いと言うことなどはもちろんありません。

　次に，感想を整理して次の活動に役立てたり，人間理解に役立てる3つの枠組みを提示します。

　一つ目は一般共通性の認識です。例えば3人が同一の構造で体験した場合に，3人の体験に共通性を見出します。体験内容の表現の仕方はそれぞれ異なっていても，何らかの共通性を見出して，それを一つの言葉で表します。二つ目は典型類似性の認識です。3人の体験内容を伝えあう中で，3人のなかの2人の体験は良く似ているということを見つけ，同じく言葉でまとめます。三つ目は個別差異性の認識です。それぞれの体験の個別性を見出します。

　一つ目（一般共通性）は「みんな仲間」，二つ目（典型類似性）は「良く似ている同士」，三つ目（個別差異性）は「私らしさ」とも言えます。ある体験についてこの3つの認識を同時に成立することができれば，

Part Ⅵ － 37 「同心円を体験する」（p.91）

社会生活場面での偏った見方はなくなるでしょう。

❸ 関係学の実践的展開

「関係学は関係単位としての自己や人や物を切り離さずに，かかわる自己をも常に関係対象化し，その生成過程を究明する実践理論である。」「人間は関係的存在である。」とは，関係を担っていることにおける責任をも同時に担うことを意味しています。関係に働きかけて関係を変えること，関係の規定性を超えるような自発性・創造性を育てることが要請されています。

① 関係学の人間観

第1章で「満点から始めよう―今・ここで・新しく」を紹介したように，人間存在への肯定的な捉え方を基本とします。この捉え方において「共に育つ心理劇」や「全員参加の心理劇」が展開します。関係学では関係状況に否定を成立させずに関係弁証法的発展のとらえ方を成立させて実践します。内的発展・変化がもたらされるように，肯定から肯定への発展を志向しており，参加者は全員が状況の担い手として存在しています。

② 行為法における自己・人・もの

グループ活動はメンバー個々に成立する状況，人と人との関係に成立する状況，グループが物的に動き出す状況の3つが，重層的に展開する活動体ということができます。グループの導入時期に，関係の構成単位である自己・人・物を意識した体験をすることにより，自己に引きこもり続けたり，人関係に束縛されて不自由でいたり，グループの規範などに規定されることなく，関係変化体験を自由に成立させることができます。ここでの「物」とは実在物，考え方，イメージの産物，空間，などを指します。

③ 共に育つ心理劇

実践活動に参加している全ての人は，状況の担い手として対等の役割を担っています。お互いが尊重され，大切にされている実感がもたれ「いま・ここで・新しく」育つことが目指されています。

「『共に育つ喜び』は，自己に成立する状況と人間関係に成立する状況が創造的に出あう『時と処（状況）』に生まれる（顕在化する）」

④ 全員参加の心理劇

心理劇の舞台には誰でも上がることができます。ストーリーは時々刻々と変化しながらも，一人ひとりが尊重され，出会いにおける共有可能性が広がる体験が成立します。参加者全員が状況創りにかかわり，変化発展している状況の一翼を担っている実感を持つことができる心理劇を目指します。

⑤ 役割の担い方……取技　演技　創技法

役割の担い方には次の３つがあります。

○役割取技　Role taking
　　　　　　ある役割らしくふるまう。一般的に期待されている役割行為であり，型通りにふるまう。（例：「先生」はこういうふるまいをするであろう）

○役割演技　Role playing
　　　　　　自分らしく役割を担う。（例：私らしい先生はこのようにする）

○役割創技　Role creating
　　　　　　状況に応じて新しい役割行為を創造して担う。（例：このような先生もいるのではないか）

3 用語の解説

　ここでは，主として「第2章　技法編　始めましょう」で用いられている用語について簡単に説明します。

【ふるまう】

　言葉による説明や語り（言語的メッセージ）と，身体や空間も活用して（非言語的メッセージ）行為することを総称して「ふるまう」と言い表し，内容は次の三つに区分されます。（以下の訳語は "ACTING - IN" 翻訳の際に，監訳者の松村康平先生により創られたものです。）

① 表演する　represent
　「いつものようにしてみましょう」など，再現の意味合いの強い場合に用います。日常の行為や言葉遣いをそのままに再現し「いつもしていること」を表します。

② 行演する　enactment
　「さあ，ここでしてみましょう」など，「いま・ここ」の場で感じていることや，したいことを表す際に用います。

③ 描演する　portray
　他の人から見て，ある役割らしく見えるように意識して行為する時に用います。

【即する】

　相手と共にいて，相手の一部であるかのようにして相手の感情・行為に沿ってかかわることを表します。いま・ここの瞬間における相手の感情や先の見通しを感じ取り，推測しながら傍らでサポートします。感情や行為の代弁をしたり，強調したり，整理したり，少し先の可能性を提示したりなどして，相手の成長をサポートします。相手を一方的にリードしたり指導するかかわり方とは正反対と言ってもよいかかわり方です。即される人（演者）は，即する人との信頼関係が成立していることにおいて，即する人によるかかわりを選択して，自らの成長に役立てることができます。

「即する」とはかかわり方の視点からは内接的かかわり方の特徴を表しています。心理劇の場合，補助自我は主演者に「即して」関わることにおいて補助自我役割を果たすことが可能となります。

【ダブル】

補助自我技法のひとつです。主演者の横，近くに位置して演者の動作・言葉を同じようになぞり，演者の気づきを促す役割を指します。主演者の動きに即しながら，言葉に込められている感情を言葉にしたり，はっきりと表現したりします。主演者の気づいていないような感情を表現したり，異なる見方を提示することなどにより，演者に一歩先を提示する場合もあります。

【ミラー】

自分の行為を鏡に映っているかのように見ることです。ミラーされることにより，新たな気づきがもたらされることを意図して導入されます。ミラーする側は，相手の行為をできるだけ忠実に表すようにして，相手の特徴や癖などをとらえて「なぞる」ことに集中します。

「人の振り見て我が振り直す」ということわざがありますが，ミラーでは自分自身を他者の目線からじっくりと見ることによる気づきを重視します。

ミラー技法の展開には，次の2通りがあります。

❶ 時間差……監督が演者の何気ないふるまいをとらえて，補助自我に指示して「同じようにふるまって下さい」などと時間差でミラー技法を導入する。

❷ 同時ミラー……2人が向かい合って一人の動きや言葉を相手がミラーする。

養成技法として展開する場合：他者の行為のリズムや感情の流れへの気づきを促す目的で行います。例1 2人で向き合い，行為する人と鏡の役割になり演じる。行為を拡大したり，縮小したりすることもできます。例2 一人の行為をほかの人が一斉になぞる。

【モノローグ】

私たちが言葉として表現していることは，感じたり・考えたりして

いることのほんのわずかにすぎません。モノローグでは，状況が変化するなかで自分の感じたり・考えたりしていることを感じるままに自由に一人言のようにつぶやき続けます。グループ活動の導入期には自分の感情の流れに鋭敏になるという目的があります。行為と感情と言葉が互いにつながりながらあることを，モノローグにより連続的に体験することができます。自分の感じていることを言葉にすることで，自己表現へのウォーミングアップとしての効果もあります。

【余剰現実】

　サイコドラマの創始者モレノによる造語の一つです。モレノは現実 Reality を下位現実 Infra‐Reality，生活上の或いは実際の現実 Life or Actual Reality と，余剰現実 Surplus Reality に区分します。余剰現実とは，現実を超えるイメージや創造の世界での現実を表しています。余剰現実技法として；役割交換，空き椅子，魔法の店，夢の行演，未来のリハーサル他があります。

　役割交換技法を例にして考えてみます。現実の生活では他者と自分を交換することは不可能ですが，心理劇では例えば母が子どもの役割を，子どもが母親の役割をとって対話することが出来ます。現実ではできないことをサイコドラマの舞台で演じることにより，現実の束縛などからも自由になり，新しい気づきや創造性の感覚を体得することができます。この定義に従えば，心理劇は余剰現実創造の場ともみなすことができます。

（土屋明美）

【引用文献】
松村康平（1979）：満点から始めよう　続・私の座右銘東京人　育英出版会

【参考文献】
日本関係学会編（2011）：関係〈臨床・教育〉　不昧堂
関係状況療法研究会㈱　土屋明美（監修）（2000）：関係状況療法　関係学研究所
関係学会・関係学ハンドブック編集委員会㈱（1994）：関係学ハンドブック　関係学研究所
Peter F.Kellermann（1992）：Focus on Psychodrama, Jessica Kingsley Publishers（増野肇・増野信子（訳）（1998）：精神療法としてのサイコドラマ　金剛出版）
松村康平　濱田駒子　春原由紀　土屋明美　他（1988）：関係発展評価法　日本心理劇協会・関係学研究所
松村康平（1977）：心理技術体系序説　伊藤祐時・松村康平・大村政男（編）心理技術事典　朝倉書店
J.L.Moreno（1969）：PSYCHODRAMA Third Volume Beacon House Inc.

おわりに

　本書では，行為法によるかかわり技法を活用する際の目的と，基本的手続きを詳細に述べました。これは，諸技法を身近に活用できるように，ということと，技法だけが独り歩きするグループ活動にならないように，という2つのねらいによります。技法は，多くの人々と共有可能な行為のし方の筋道にある標識であると同時に，グループの屋台骨でもあり，理論を内包しています。実際のグループ活動においては，即興的に多様な状況が生まれ，リーダーはその都度，応用的なかかわり方を求められます。そのような時に，基本に戻り確認をする指標としての，「目的」や「基本的手続き」であり，「基礎理論」です。

　グループ活動は万能ではありませんが，一人ひとりがそれぞれのあり方で安心感を得たり，他の人とのつながりを実感したり，1人では感じ難い何かを得て，それが自分の力になる，など，多彩な良さがあります。これらの体験は，グループ活動の進展に伴って徐々に醸成され，実感できることですが，本書では，特に，グループの導入期に活用可能なかかわり技法の展開と効果を中心に提示させていただきました。この続編，特に心理劇グループの展開については，他の機会にまとめることが出来れば幸いです。

　おわりに，関係状況療法研究会の成り立ちを紹介いたします。本研究会は，お茶の水女子大学家政学部児童学科児童臨床研究室，故松村康平教授を顧問にお迎えして1988年10月に発足しました。発足後10年間の研究成果は，「関係状況療法　いま・ここで・新しく生きる―人間関係をゆたかに」と題して，関係学研究所から2000年に上梓いたしました。その後，編者たちの実践活動の基盤となっている心理劇を，より多くの人たちと共有したいとの願いから，心理劇実践の整理・編集を始め，足掛け5年の歳月を経て，刊行の日を迎えることができました。今は亡き，松村康平先生に深く感謝申し上げます。

　日本心理劇協会主催による夏期・冬期研修会（日本関係学会・看護心理劇研究会・関係状況療法研究会　共催）の皆様と共に，学び・育つ実践活動を継続できましたことに，感謝いたします。第2章の挿絵は，日本心理劇協会神奈川研究会，野口優子氏による作画で，グループの雰囲気を身近に感じられるようになったことに，感謝いたします。

　最後に，多大な編集の労をとっていただいた，ななみ書房・長渡晃氏に，感謝いたします。

　　2012年12月

　　　　　　　　　　　　　　　　　　土屋明美　水流恵子　田中慶子
　　　　　　　　　　　　　　　　　　大澤真理子　蔡　和美

資　料

○かかわり技法一覧

No.	めやす	技　法　名	目　的
□ Part Ⅰ　歩いてみよう			
1	★	1人から，2人，3人との出会いへ	活動の見通しを立て，出会いの変化体験をする。
2	★	〈一歩〉ずつ歩く	節目を作りながら歩き，自己・人・物・状況との関係をとらえる。
3	★	出会った人と	状況にゆっくりと馴染み，人と出会い，参加のねらいを話す。
4	★	舞台で参加のねらいを話す	舞台の段差による変化体験を通して参加のねらいを話す。
5	★★	歩きながらの出会い	歩きながら出会いの場面を創る。
6	★★	2人で舞台を横切って	安心してふるまう体験をする。
7	★★	共に歩きながら	会場までの道を歩きながら参加のねらいを話す。
□ Part Ⅱ　自分を紹介する			
8	★	インタビューから始める	質問する人の役割を設定し，参加のねらいを話す。
9	★	参加の目的を隣の人に	話し手と聞き手になり，参加のねらいを共有する。
10	★	声で届ける	声を届ける相手を意識して参加のねらいを言う。
11	★	〈私〉を伝え，〈あなた〉を伝える	自分を紹介し，紹介されて自己が明確になる。
12	★	ペアになって始める	相手の話をまとめて全体に伝える。
13	★★	補助自我を探して	補助自我を探し自分の可能性を広げる。
14	★★	空き椅子に自分を表す物を置いて	自分を表す物を見ることで新しい自分と出会う。
□ Part Ⅲ　いま・ここで・新しく			
15	★	扉を開けて	扉を開けて新たな気持ちで会場に入る。
16	★	〈今の気分〉から始める	人から働きかけられて気分が変わる体験をする。
17	★★	家から〈ここ〉まで	日常と〈ここ〉を言葉とアクションでつなぐ。
18	★★	一瞬の出会い	印象的な出会いを表演し，新たな意味を見出す。
19	★★★	私がいるところに	自分が落ち着く状況への働きかけを受けて変化に気づく。
20	☆	私と心理劇との出会い	心理劇の意味やこれまでのかかわりを明らかにし，今後につなげる。
□ Part Ⅳ　"私の思い"から始める			
21	★	〈この夏の思い〉から始める	気分を表演して新たに始める。
22	★★	野原に女の子が	イメージを重ねて新しい状況を共に創る。
23	★★★	〈私の夢〉の実現	夢がグループで実現される体験をする。
24	★★★	種が成長して	種の成長を表演し，成長した木から見える情景を語る。
25	★★★	思い出を楽しく	思い出を場面化し，いま・ここでの新しさを見つける。
26	★★★	〈こうありたい自分〉を描いて	〈こうありたい自分〉を補助自我として，自己理解を深める。
27	★★★	役割を交換して	役割を交換することで見え方や感じ方が変わる体験をする。

○かかわり技法一覧

No.	めやす	技　法　名	目　　　的
□ Part Ⅴ　"いま・ここ"を超えて			
28	★	空想一者関係体験	いま・ここから想像の世界を広げる。
29	★★	絵本から飛び出して	語ることと演じることを交互に行い物語を創る。
30	★★★	模造紙にイメージを描いて	設定されたテーマを絵や言葉で表し，表演する。
31	★★★	私の欲しいもの―魔法の店 Desire	私の欲しいものが手に入る体験をする。
32	★★★	私の自由時間―魔法の店 Time	欲しい時間に見合う自分の何かを見つける。
33	★★★	私の欲しい力―魔法の店 Power	自分の感じ方に気づいて変える手がかりをみつける。
34	★★★	3つの部屋とファッションショー―魔法の店 Show	手に入れたものを使って新しくふるまう体験をする。
□ Part Ⅵ　「自己・人・もの・状況」関係の発展			
35	★	物媒介のローリング技法	物を媒介に自分と人がかかわり関係を発展させる。
36	★	「自己・人・もの」との出会い	自分が人と出会い，ものを活かして楽しい体験をする。
37	★	同心円を体験する	同心円を表演し体験を関係的にとらえる。
38	★	3つの椅子を使って	自分と集団の関係をとらえる。
39	★	満点から始めよう	自他肯定感を確立する。
40	★★	5つの椅子による状況変化体験	位置移動による意識分化と状況変化体験をする。
41	★★	平和の船に乗って	平和を志向する出会いの心理劇を展開する。
42	☆	理論から始める	グループ活動の始まりに基礎理論を学ぶ。
□ Part Ⅶ　身体を使って動いてみよう			
43	★	一緒に動いて	身体を動かして感じ方が変わる体験をする。
44	★	動きをなぞる	リーダーの動きをなぞることで動きやすくなる。
45	★	エネルギーを伝える	働きかけられた動きを伝え，人とつながる体験をする。
46	★★	椅子から立って	位置・リズムによる変化体験と関係自由運動を体験する。
47	★★	グループを感じる	状況体験を身体で表現し，言語化する。
48	★★	ペアによるローリング技法	役割のローリングによる場面転換を楽しむ。
49	★★	空間を歩く	空間にイメージとアクションを重ねて情景を創る。
50	★	空気のボール	今・ここにいる・誰もが参加できる状況を創る。

　　★　　初　級
　　★★　　中　級
　　★★★　上　級
　　☆　　必要に応じて

■ 〈実践の機会一覧表〉について

　次頁の表は，本書に収録したかかわり技法が展開された時の，監督チーム，実践場所，日時，及び出典の一覧です。文献等で紹介されている技法は「付記」として欄外に記載いたしました。初出文献については不十分なものもあろうかと思いますが，お気づきの点につきましては，情報をお寄せいただき，より正確な資料にしていくことができれば幸甚に存じます。

《 実践場所について 》
- ○○回研修会・月例会
　日本心理劇協会主催心理劇研修会・月例会を指す。
　日本心理劇協会は，松村康平により日本における心理劇の研究・普及を目的として1961年に結成された。毎月2回の月例研究会と年2回（冬期・夏期）の研修会を開催している。代表：土屋明美
- 神奈川地区研修会
　日本心理劇協会神奈川研究会
　毎月第3土曜日に神奈川県相模原市を中心に研究会を開催している。代表：浜田駒子
- 春期講座
　日本心理劇協会主催春期講座。1996年から2000年まで5回開催された。
　監督・補助自我チームは松村康平，土屋明美，田中慶子。
- MERC
　「母親たちをエンパワーするための研究グループ」（通称 MERC）
　武藤安子・信田さよ子・春原由紀・土屋明美，他による。厚生科学研究の一環として「虐待に対する援助のフォーマット作成に関する研究」として行われた実践・研究の一部である。厚生労労働科学研究報告書(子ども家庭総合研究事業)報告書　2002～2004
- ジネット
　お茶の水女子大学児童学科・発達臨床学講座・発達臨床心理学講座の同窓会
- HCC　原宿カウンセリングセンター　所長：信田さよ子

《 出　典 》
- 心理劇　集団心理療法　ロールプレイイング
　編集：松村康平・土屋明美，発行：日本心理劇協会・関係学研究所
　1986から2000年に発行されたものを引用・参考にしている。
- 『関係学ハンドブック』関係学会・関係学ハンドブック編集委員会編　1994

○実践の機会 一覧表

No.	技法名	監督	実践場所	実践日時	出典
■ Part I 歩いてみよう					
1	1人から、2人、3人との出会いへ	松村・土屋	82回研修会	1997.1.10	心理劇 1997/98 p7
2	〈一歩〉ずつ歩く	松村康平	64回研修会	1988.8.5	心理劇 1989 p3
3	出会った人と	松村・浜田・水流	神奈川地区研修会	1988.7.16	心理劇 1989 p61
4	舞台で参加のねらいを話す	松村康平	月例会	1985.11.9	心理劇 1986 p38
5	歩きながらの出会い	土屋明美	91回研修会	2001.8.11	研修会記録より
6	2人で舞台を横切って	松村康平	月例会	1985.12.28	心理劇 1986 p39
7	共に歩きながら	土屋明美	HCC研修会	2001.1.27	研修会記録より
■ Part II 自分を紹介する					
8	インタビューから始める	土屋明美	春期講座 1-1	1989.6.2	講座記録より
9	参加の目的を隣の人に	松村康平	76回研修会	1994.1.7	心理劇 1994 p7
10	声で届ける	土屋明美	101研修会	2006,8,12	研修会記録より
11	〈私〉を伝え、〈あなた〉を伝える	土屋明美	103研修会	2007.8.4	研修会記録より
12	ペアになって始める	土屋明美	MERC	2003.5.30	実践記録より
13	補助自我を探して	土屋明美	86回研修会	1999.1.16	心理劇 1999 p9
14	空き椅子に自分を表す物を置いて	土屋明美	67回研修会	1990.1.6	心理劇 1990 p38
■ Part III いま・ここで・新しく					
15	扉を開けて	土屋明美	78回研修会	1995.1.6	心理劇 1994 p55
16	〈今の気分〉から始める	土屋明美	MERC	2003.5.9	実践記録より
17	家から〈ここ〉まで	土屋明美	92回研修会	2000.1.12	研修会記録より
18	一瞬の出会い	土屋明美	86回研修会	1999.1.15	研修会記録より
19	私がいるところに	土屋明美	73回研修会 107回改訂	1992.7.31	心理劇 1991/92 p25
20	私と心理劇との出会い	土屋明美	100回研修会	2006.1.21	研修会記録より
■ Part IV ″私の思い″から始める					
21	〈この夏の思い〉から始める	土屋明美	93回研修会	2002.8.17	研修会記録より
22	野原に女の子が	土屋明美	103研修会	2007.8.5	研修会記録より 付記
23	〈私の夢〉の実現	松村康平	74回研修会	1993.1.8	心理劇 1993 p4
24	種が成長して	土屋明美	79回研修会	1995.8.26	心理劇 1996 p10
25	思い出を楽しく	松村・土屋	69回研修会 改訂 106回	2009.3.20	心理劇 1990 p16
26	〈こうありたい自分〉を描いて	松村康平	神奈川地区研修会 改訂 107回	1989.7.16	心理劇 1989 p68
27	役割を交換して	松村康平	64回研修会	1988.8.5	心理劇 1989 p10 付記
■ Part V ″いま・ここ″を超えて					
28	空想―者関係体験	土屋明美	ジネット講座	1995	実践記録より 付記
29	絵本から飛び出して	松村康平	月例会	1985.5.11	心理劇 1986 p34
30	模造紙にイメージを描いて	土屋・下郷秀郎	76回研修会	1994.1.8	心理劇 1994 p33
31	私の欲しいもの―魔法の店 Desire	土屋明美	MERC	2003.6.27	実践記録より 付記
32	私の自由時間―魔法の店 Time	土屋明美	MERC	2003.9.18	実践記録より
33	私の欲しい力―魔法の店 Power	土屋明美	MERC	2003.7.18	実践記録より
34	3つの部屋とファッションショー―魔法の店 Show	土屋・水流恵子	ジネット講座	1995	実践記録より
■ Part VI 「自己・人・もの・状況」関係の発展					
35	物媒介のローリング技法	春原由紀・土屋	第26回心理臨床学会WS	2007.9.26	参加記録より 付記
36	「自己・人・もの」との出会い	水流恵子	99回研修会	2005.7.30	研修会記録より
37	同心円を体験して	松村康平	春期講座 1-6	1989.8.30	研修会記録より
38	3つの椅子を使って	松村康平	神奈川地区研修会	1986.3.15	心理劇 1986 p13
39	満点から始めよう	松村康平	80回研修会	1996.1.13	心理劇 1996 p15 付記
40	5つの椅子による状況変化体験	松村康平	59回研修会	1987.1.4	心理劇 1986 p27
41	平和の船に乗って	松村康平	78回研修会	1995.1.6	心理劇 1994 p49
42	理論から始める	土屋明美・春原	第26回心理臨床学会WS	2007.9.26	参加記録より
■ Part VII 身体を使って動いてみよう					
43	一緒に動いて	松村康平	春期講座 1-6	1989.8.30	講座記録より
44	動きをなぞる	土屋明美	103研修会	2007.8.4	研修会記録より
45	エネルギーを伝える	土屋明美	78回研修会	1995.1.6	心理劇 1994 p51
46	椅子から立って	小野・田中・大庭	78回研修会	1995.1.6	心理劇 1994 p57
47	グループを感じる	松村・土屋	83回研修会 改訂 107回	2009.8.4	心理劇 1997・98 p21
48	ペアによるローリング技法	松村康平	月例会	1985.4.27	心理劇 1986 p33
49	空間を歩く	松村康平	76回研修会	1994.1.7	心理劇 1994 p12
50	空気のボール	松村康平創案			関係学ハンドブック p259 体育の科学 VOL.40 1990 付記

• 付記
（技法22 野原に女の子が）松村康平 79回研修会 1995.8.27 心理劇 1996 p11
（技法27 役割交換）Jacob L.Moreno 1969 PSYCHODRAMA Third Volume p241, Beacon House
（技法28 空想―者関係体験）松村康平 1974 臨床心理学の方法 松村康平・竹内硬編 臨床心理学 p246-247 朝倉書店
（技法31 魔法の店）Lewis Yablonsky 1976 Psychodrama p102 The magic Shop, Basic Books
（技法35 物媒介のローリング技法）松村康平 1968年 第Ⅳ回 国際サイコドラマ・ソシオドラマ会議。心理劇 1970年 p132
（技法39 満点から始めよ）松村康平 1980 人間発達・関係学研究会編 人間の探求 アルウィン学園
（技法50 空気のボール）松村康平 1973年 日本私立幼稚園全国教育研究大会において。松村康平・日本私立幼稚園連合会編「幼児の性格形成―関係発展の保育―」ひかりのくに 1976

さくいん

【あ　行】
一般共通性　92, 93　136
今・ここで・新しく　12, 39, 46
演者（主演者）　127, 132

【か　行】
会場の設定　14
かかわりの原理　134
観客　129, 132,
関係学　133
関係構造　131, 134
関係自由運動　111
関係責任　17
関係発展評価法　136
関係弁証法　133, 136
監督　11, 14, 127, 132
技法　10, 16
技法の7分類　18
凝集性　88, 110
空気のボール　118, 119
グループ活動　10
行為法　1, 9, 137
行演　139
個別差異性　93, 136

【さ　行】
三者関係　9, 11, 134
三段舞台　130
自己・人・物・状況　25, 86, 137
実施の目安　18

自発性・創造性　137
社会地位的役割　9, 130
小グループをつくる　15, 103
心理劇　54, 103, 127
接在共存状況　134
全員参加の心理劇　138
即する　139
ソシオメトリック・グルーピ　15

【た　行】
ダブル　140
典型類似性　92, 93, 136
共に育つ　11, 138

【な　行】
二者関係　11, 135
人間関係的役割　9

【は　行】
場面化　65
場面設定　10, 65
場面の転換　75
表演　50, 56, 58, 139
描演　139
舞台　129, 133
ふるまう　139
補助自我・補助者　11, 42, 43, 67, 127, 132

【ま　行】
魔法の店　80, 82

満点から始めよう　13, 96
見立てる　88
3つの認識の仕方　136
ミラー　140
モノローグ　48, 52, 140

【や　行】
役割　127
役割交換　69
役割の機能　131
役割の担い方取技・演技・創　138
余剰現実　61, 72, 141

【ら　行】
理論即技法即実践　133

■編者

土屋　明美	東京薬科大学教授，日本心理劇協会代表
水流　恵子	原宿カウンセリングセンター　カウンセラー
	厚木市青少年教育相談センター　スーパーバイザー
田中　慶子	茨城県スクールカウンセラー
大澤真理子	東京都目黒区保健センター心理判定員，
	渋谷区保健センター心理相談員
蔡　　和美	東京家政学院大学非常勤講師，北区保育園巡回指導員

グループ活動を始める時に　―つながりを育む50のかかわり技法―

2013年1月7日　第1版第1刷発行

●監　修	土屋明美
●編　集	関係状況療法研究会
●発行者	長渡　晃
●発行所	有限会社　ななみ書房
	〒252-0317　神奈川県相模原市南区御園1-18-57
	TEL　042-740-0773
	http://773books.jp
●絵・デザイン	磯部錦司・内海　亨
●印刷・製本	協友印刷株式会社

©2013　A.Tsuchiya
ISBN978-4-903355-37-5
Printed in Japan

定価は表紙に記載してあります／乱丁本・落丁本はお取替えいたします